手把手教你
开民宿

网红民宿/运营秘笈/大公开

谭玉芳 张海超 著

华中科技大学出版社
http://press.hust.edu.cn
中国·武汉

前言

随着民宿市场的逐渐升温,很多热爱生活的人跻身民宿行业,成为民宿从业者。有的人为了情怀,就想每天伴随着鸟鸣在清晨的阳光中醒来;有的人为了获利,想在民宿市场里淘金;也有人边干边玩,毕竟赚钱重要,生活也很重要。

关于民宿主,你可能听过一些流传在各大媒体平台的传奇故事,阅读量动辄 10 万 +,他们要么曾经浪迹天涯,见过广阔的世界;要么是酒店管理专业科班出身,有系统的行业概念和丰富的管理经验;还有一些放弃高薪、卖掉京沪的房子选择开民宿……想成为民宿主的你,看了他们的传奇故事,本来蠢蠢欲动的心,是不是突然变得犹豫起来?

其实不必,本书想告诉你的是:成为一名优秀的民宿主,上面的那些都不是必备项,开民宿也不能只靠情怀,还需要拥有专业知识技能,否则,仅凭一腔热血恐怕难以实现。

民宿主需要从申请和办理证件开始,参与民宿的筹建,从前期的设计改造、内部软装,到消防、营业执照的办理,到正式开业,再到日常管理工作、营销策划,民宿主最好是一名全能型的选手。有些民宿主既懂得公关礼仪、心理学、管理学,以及酒店相关的业务知识,又能洞察人性,照顾到民宿的大小事务。

做民宿主看似很难,你得和客人聊得出诗和远方,最好也能换得了灯泡、通得了马桶;你得提供事无巨细的服务,解决各种需求和提供帮助,又得为客人策划、组织各种活动，随时应对各种意外……一个人要活成一个团队。其实不然，只要掌握一定的章法，勤加练习，这也是一个非常容易上手、非常锻炼人的工作。有人带、有这样一本靠谱的民宿运营手册，用心去学习、锻炼，凭着一份担当，投入自己的热情和精力，普通人也可以成为一名优秀的民宿主。

本书通过实战案例，深度解析了民宿主的工作职责及所需技能，让你少走弯路、多避坑，实打实地能够从民宿小白修炼为优秀民宿主。这本书用简单、直白的语言，讲述系统的民宿运营知识。无论你是民宿新手，还是高手，都可以在其中找到丰富的知识提高自己。

不管你是厌倦了循规蹈矩的生活，还是想把梦想变成生活，重点是做成一件事，过上自己想要的生活。只有自己真的喜欢、认可和用心才能真的留下来，待下去。希望你也能真心实意地加入民宿行业，和民宿一起成长。

你会发现，你可以结交到来自五湖四海的朋友；可以在花果交织的庭院体味大自然的活力与生机；有足够的时间细嗅这隐藏在乡村生活中的芬芳与甜蜜……你会成为一个有温度、懂情趣、会思考的人，因为足够热爱生活的你，也同样值得被生活认真对待。

目录

1. **准备**
   想清楚再行动 ———————————— 007

2. **选址**
   好的开始是成功的一半 ———————— 019

3. **设计**
   理想生活方式的开端 ———————— 037

4. **施工**
   一砖一瓦构建理想空间 ———————— 065

5. **试营业**
   直面民宿运营的本质 ———————— 085

6. **团队**
   企业最重要的资本 ———————— 101

7. **OTA运营**
   让民宿业绩爆发式增长 ———————— 129

⑧ 流量
利用媒体提升20%-30%入住率 ---------------------- **157**

⑨ 销售
民宿赚钱的关键 ---------------------------------- **187**

⑩ 服务
创造"家"的氛围 ---------------------------------- **207**

⑪ 行动
在实践中一步步向前 -------------------------------- **227**

⑫ 案例
民宿圈里的尖子生 ---------------------------------- **235**

后记 ------------------------------------- **247**

1 准备

想清楚再行动

民宿不只是情怀

总有一些穿着皮鞋走不到的路，总有一些在办公室里遇不见的人。那些循规蹈矩的日子，你是否已经厌倦？越来越多的人渴望到一处风景绝美的地方，寻得一所有着大大落地窗的房子，过上自由的生活。坐在房子的露台上，捧着一本书，晒晒太阳，喝杯咖啡，任时间静静流走……

伴随着消费升级，休闲度假的需求日益增加，城市人群开始追求田园牧歌式的乡村生活，总是喜欢用逃离的方式，去寻觅那种无拘无束的体验。于是，很多人出于对民宿的热爱，打起了开民宿的主意，凭借自己的一腔热血让情怀落地生根，把梦变成生活，顺便赚取一定的经济收入。

事实真的是这样的吗？我们无时无刻不被各种新闻资讯所包围，媒体制造出来的美好，让每个人都对民宿有所憧憬。不用早九晚五的生活，不用挤高峰期的地铁，不用拥抱领带、按揭、日程表和PPT，每天都是悠哉的日子。然后，媒体还通过图文、视频的形式反复告诉你：看！像他们这样，每天清晨一碗热粥，下午做做花艺，撸猫遛狗，晚上还能和客人喝酒聊天，而且用单反相机拍下来，这才是民宿生活。

事实是，民宿就像爱情一样，你只是看到了幸福甜蜜的一面，有多少恋人脸上能洋溢着45度的阳光？我们都清楚，真正的爱情不是一路甜到最后，而是充满了磕磕绊绊，柴米油盐经年相伴。

勺子总是会碰到锅沿的，民宿和所有世事一样，你必须同时接受好的一面和坏的一面，而不是只选择性接受其中的一面，甚至认为民宿就应该只有美好的一面。不要因为喜欢就任性地开民宿，等你真正开始运营，每天被杂七杂八的琐事拖着抽不开身，才会发现情怀再丰满，也敌不过现实的骨感。民宿圈里有句俗话："民宿不只是风花雪月，还有马桶和熬夜。"如果你承认这一点，你会发现民宿生活里的种种经历也都是宝贵的

事实是，民宿就像爱情一样，你只是看到了幸福甜蜜的一面，有多少恋人脸上能洋溢着45度的阳光？

大隐于世民宿生活日常

财富，怀揣这种心态的人，倒有可能在民宿行业里有一番作为。

你要知道，媒体总是在赞扬成功者，把最多的时间和最大的荣耀给了最少数的人。要讲冒险的故事，讲逃离北上广的故事，讲所有关于远方闪闪发光的故事，才会有人听。但你应该了解大数平均的铁律——绝大部分民宿人的生活被琐碎的日常填满，那些上报纸、杂志、电视的例子都是特例，你看到的可能只是媒体营造出来的一种假象。

如果深入民宿一线，看过市井百态，大概就能明白自己的边界和底线在哪，就能知道自己想要什么样的生活。通过媒体、电视、杂志和闲谈了解这个行业，和用脚丈量一次，亲眼所见，亲身经历，得出的结论可能完全不同。即使同样是进入民宿行业的新人，彼此之间的心态和成长轨迹也会大相径庭。

明明知道"磨刀不误砍柴工"，但很多人还是没有准备充分就贸然闯入了民宿行业，用脑袋四面撞墙为代价成长起来，我觉得这样有点残忍，希望拿起这本书的你不是这样。真正进入民宿行业之前，要有一定的心理准备，现在民宿行业的发展非常快，已经从早期靠情怀支撑的1.0时代，演变成了靠商业化盈利的2.0时代，现在正在向靠专业团队运营的3.0时代升级，"民宿集群生态圈"将成为未来趋势。现在的民宿不仅仅是一个"家"，还需要提供多维度的增值服务，使得吃、住、游、购、娱一体化，考验的是团队运营和资源整合能力，一个优秀的民宿主将起到至关重要的作用。

民宿要做出特色，要根据周边景观特点个性化定制，根据周围的环境不同，装修的材质，景观的打造，需要投入的成本也不同，花掉几十万，几百万，甚至上千万的比比皆是。与其脑子一热就进场，不如拿出点时间好好钻研。无论是运营管理、人才储备，还是营销策划，都是在做民宿的过程中要考虑到的。从选址到设计，装修到运营，到与客人日常沟通，每一个环节都需要民宿主投入百分之一百的精力。前人走过的坑，是为我们铺好的路，知己知彼，百战不殆，你准备得越充分，做民宿的时候就会越从容。

我希望通过这本书，深入剖析民宿行业各个环节中的要点，能够让一个真正想进入民宿行业的人有所收获。拿一手好牌的人毕竟是少数，大多数人都是一把牌凑来捏去打到最后，这本书就想来告诉你民宿牌桌上的规矩，该怎么排兵布阵，怎么打更合适，用自己手里的牌笑到最后。然后，用时间的累计，达到经验和技能的增长，从而在民宿行业中，打造自己的一片天。

民宿实质上是一种生意

"久在樊笼里,复得返自然"。民宿的出现,似乎让理想有了经济载体,做得好的可以在情怀和生计之间找到平衡点,但有多少人可以掌握生活和工作之间的和谐?租金上涨、竞争加剧、人力资源成本日益增多……当民宿情怀直接挂钩经济利益之后,这种理想化的生意又有多少人能够坚持下去?

说到底,民宿实质上也是一种生意,每一件事情背后,都有其商业逻辑。商业的目的就是为了赚取利润,只有这样才能够长久地持续下去,除了感性的直觉之外,还要用理性的思考去分析。

不能单单看好民宿的发展前景,能赚钱、能潇洒自如就去开民宿,除了热爱这个行业,还要掌握一定的经营技巧,懂得一定的商业知识,你必须有实际的经验技巧,去支撑做民宿这件事情,否则经营过程中出现的每一个问题,都可

大隐于世·静舍

能让你崩溃。

民宿主既不是慈善家，也不是梦想家。既然是做生意，如果赚不到钱，就不能算是一个合格的民宿主。但需要说明的是，赚钱绝不是在说"只要能赚钱就行"，"赚钱很重要"和"只要能赚钱就行"是两个完全不同的概念。做生意，要在利益之间放一杆"良心"的秤，"利"留给自己，"益"留给顾客。

对于经营者来说，"正确的赚钱方法"应该是在合法合规的前提下，做好自己的工作，尽到应尽的义务，赢得消费者的青睐，通过赚市场的钱，兑现自己的承诺，并取得相应的经营成果。

消费者在选择一件商品、一个民宿的时候，本质上是在为商家进行投票，他只有足够的喜欢你，才会用真金白银为你投上一票。是否赚钱，既能反映出是否获得顾客的支持，也能衡量你的经营指标是否妥善。如果赚不到钱，谁都不会幸福，最终，经营也将很难维持下去。能从市场上赚到钱，说明自己的民宿产品不仅能满足自己，还能受到大众的认可。赚到的利润可以形成一定的正反馈，让自己和团队都更有信心，民宿事业的车轮才能滚滚向前。

民宿管理者的3种能力，5种角色

在一个优秀的企业里，管理者是一个民宿的灵魂人物，身为管理者，你应该了解市场，能够洞察企业的优势和短板，能够凝聚团队的力量，知道在什么样的情况下，用什么样的方式让民宿发展得越来越好。

管理者在民宿中起到至关重要的作用，是民宿的主要经营者。在经营过程中，把自己的想法变成自己的行动，是执行能力；把自己的想法变成大家的行动，就是管理能力的体现。

从成为民宿管理者的第一天起，就要有明确的经营理念和整体规划。无论你多么能干，一个人能做的事情毕竟是有限的，经营还是要由团队来完成，管理者要充分调动员工的积极性，把想法一步步拆解成具体、可执行的步骤，让团队的每一个人都朝着同一个方向行动。

民宿管理者既是生意人,也是领导者,具备赚钱能力、建设团队能力的同时,还要具备变革创新能力。"从一开始就向往稳定的公司是不可能获得稳步发展的"。由于竞争的存在,各个民宿都在想尽办法吸引顾客,民宿市场以惊人的速度发展变化着,人们的需求也同样瞬息万变,变得越来越挑剔。

民宿事业发展的限制已经不是模式和资金,而是优秀的人才,一个民宿管理者,往往要应对更多的事情,不是单纯把销量做上去就行,也不是单纯做好服务就可以,更不是只规划一个目标让全员去探索。

好的管理者会通盘考虑问题,对整个事业统筹把握,考虑当下发展的同时,保持持续精进的能力,带着大家把目标一步步落实,而且会保持一定的"危机意识",时刻准备着迎接未来的挑战,为使命而持续奋斗。

管理者在与各方产生联系的同时,扮演着不同的角色,就像一个人在社会中扮演着不同的角色一样,每一个角色都意味着一种责任。一个优秀的管理者,往往是几个角色的综合体,可能每个人具备的素质不同,侧

大隐于世家庭聚会

重点也不同，但一方面存在短板，就要有另一方面显著优势来补足，在团队搭建的时候，也最好能找到可以优势互补的成员。总的来说，民宿管理者要当好规划者、执行者、领导者、教练员、责任人的角色。

目标的规划者

卓越的管理者必须深谋远虑、有远见，不能鼠目寸光，只看得见现在而看不到未来，要着眼于将来，制定长期计划。民宿的计划与目标，是管理者要提前考虑的，不能着眼于短期的策略规划，从民宿项目筹备开始，管理者就要对民宿事业有个清晰的规划排期。民宿应该选在什么位置，要与哪位设计师合作，设计成什么风格，怎么协调与工商、消防、税务等各个管理部门之间的关系，年目标、月目标、周目标，如何做更好，做多少合理，从施工到试运营再到正常营业，每个阶段要做哪些事情，管理者都应该提前做好规划。规划时可以利用"5W1H"这个工具，即：为什么这么做（Why）？具体做什么工作（What）？在何处执行（Where）？由谁负责完成（Who）？什么时间完成（when）？如何完成（How）？具有操作性的计划是可执行的前提，能够为整个民宿事业奠定良好的基础。

计划的执行者

高效的执行力是完成目标的重要一环，有太多的人把事业吹得天花乱坠，一到具体执行环节就抓瞎。战略不能只在天上飞，还要落到地上，要采取有效的目标管理手段，把战略落实为清晰有效的可执行的目标，同时对人员的执行进行有效的监督，了解员工执行的进展情况，及时解决执行中遇到的关键性问题等，保证执行不走样。

对于管理者来说，考虑大事是必要的，但还要考虑完成这些大事的关键性措施和步骤。只做规划不执行，事业是无法向前推进的，管理者不仅是目标的规划者，更是经营目标的执行者。条条大路通罗马，哪条路最适合走，哪些环节容易出问题，管理者必须事先进行明确的规划。

管理者应该以身作则，利用有利资源，采取有效措施，来保证门店经营目标的实现。民宿的团队建设，营销推广计划，线上线下服务的监督，以及对门店日常工作检查，都应该落实到具体的经营过程中，这是保证民宿正常运营的基本要求。

团队的领导者

"要想火车跑得快，还得车头带"。民宿是一个集体，管理者不仅要发挥自己的才能，还要帮助每一个员工都能发挥才能，领导员工做好销售、服务等工作，保证民宿工作的正常有序进行。日复一日的工作可能有些枯燥，最难做的就是让多个脑袋的想法保持一致，管理者要做好员工的思想工作，时时激励员工，让团队成员保持积极的工作热情。管理者到店拍拍员工的肩膀，说些鼓励的话，往往会有一些出人意料的效果。

员工的教练员

卓越的管理者，需要具备一定的专业能力，对产品、服务、流程、店内的一切有所把控。但身为管理者不需要成为各个领域的专家，一味追求自己在每个领域都做到最好，而是要成为一个教练员，有一套标准准则，知道怎么做是对的，怎样做得更好，并且做好培训工作，教会员工做好一件陌生的事情。

"设定目标、明确行动步骤"，管理者要定期与人员沟通、面谈，及时处理员工遇到的问题，通过一次次实际训练，传授业务技能，提高员工业务水平，让更多的人能做好自己的本职工作，整个团队才能稳步前进。员工成长了，管理者才能成长，因为"衡量一个管理者的表现，不是看他本人有多能干，而是看他是否有一群业绩卓著的员工"。

而且，对于管理者来说，将自己长期的经验进行归纳总结，也是自我提升的一种绝佳方式。毕竟，"教"是最好的"学"，对于民宿员工的培训，最好的培训永远是现场培训，不用刻意制作PPT，随时随地发现问题、解决问题，在一起做事的时候，当好教练员的角色。总之，不会培养人的管理者不是好管理者。

民宿的责任人

一个民宿管理者代表了民宿整体的形象，管理者要维护好和社会的关系，需要跟各个部门协调好关系，维系好关系。必须站在公司的立场上，强化管理，与员工、顾客及社会工商局、税务局、消防部门等有关部门建立联系，对民宿的整体经营效益及民宿形象负责。

同时，民宿管理者不仅是民宿的代表者，更是民宿的责任人，不仅要做好日常经营管理，对业绩负责，协调好各种关系，还要考虑到潜在的风险，将风险出现的可能性降到最低。比如可能存在消防问题、恶劣天气对民宿的影响等，都要提前考虑预防，即便出现问题，管理者也要有处理各种问题的耐心与技巧，遇到任何困难都要想尽一切办法解决，因为你是民宿的第一责任人。

人、物、财、信息，这些管理者都要管

管理者作为民宿的中流砥柱，需要关注到民宿的方方面面，说到底是对人、物、财及信息的有效管理，每个模块都不能掉以轻心，任何一个细节考虑不周，都可能对民宿产生影响。

人的管理

对人的管理，主要体现在对人力资源的管理，只有抓住"人"这个重要资源，才能让民宿有效运转。

通常，人们会把对人的管理理解为对员工的管理，通过选人、用人、育人、留人环节。对员工做好管理，搭建一个积极向上的团队，让员工在合适的岗位上，发挥出自己的最大潜力，维持民宿良好的营业状态，保证"人尽其才，才尽其用"。

其实，对顾客的管理，也是对人的管理。尤其是在民宿这个服务行业，顾客是一个民宿的生命源头，消费者和从业者可以直接建立联系，我们要通过每一次的接触，借助每一个可能的机会，来服务好顾客，提升客人的满意度。力争把陌生人变为潜在用户，把潜在用户变为新客户，把新客户变为忠实用户。

"知彼知己，百战不殆"。利用问卷调查、会员访谈等方式，对顾客多一些了解，通过年龄、性别、收入、家庭成员、出行目的等多个角度进行分析，摸清楚用户画像，了解客户的真实需求，就可以有针对性地提供一些服务，策划一些民宿活动，有效管理并做好老客户的维系，让自己的民宿会员体系更加完善。

另外，对人的管理，还体现在对合作者、供应商等方面的管理上。比如，有的民宿是投资人出资建设的，作为管理者的你，就要对投资人的预期、想法等做好管理，让投资人做到心里有数，对你管理的民宿放心。对于合作者的管理，是管理者长期要面对的工作，每一次的沟通合作，都是为下一次合作铺路。

物的管理

"其实，我们就是愿意向一切美好事物低头"。民宿，是一个美好且有温度的空间,一间房、一盏灯、一个老旧的物件、一把可以晒太阳的摇椅、一套舒适的床品……正是这么多大大小小的事物交织在一起,营造出了一种"家"的氛围。很多人选择住民宿,就是想"把时间诗意地浪费到美好的事物上去"。

凡是客人能够接触到、看到的东西,都是对"物"管理的范畴,任何一件物品的缺失或损坏,都可能会对客人的入住体验产生不好的影响,我们要对一切能带来美好体验的事物做好有效管理。比如,房间里的绿植,要根据植物的习性进行养护;椅子的螺丝松了,要及时进行维修或更换。民宿呈现出的事物,一定要保持整洁美观,定期排查可能存在的隐患,不能影响客人的居住体验。

民宿里除了美好的事物,还有一些易耗品也要重点关注,一次性牙刷、拖鞋等要陈列规范,出现意外时可以及时更换。洗手液、洗漱用品等不能出现空瓶状态,当瓶内液体只剩1/3的时候,就要及时补充,不能等到见底了,再慌慌张张地补救。"缺货是营业最大的敌人",这是零售业的一

大隐于世·冬奥小镇·2号院茶歇区

句行话,放到民宿服务里也是这样,缺货使顾客的需求无法获得及时满足,体验舒适度会降低,严重的还可能导致顾客流失。

财的管理

作为管理者,除了对人、物的管理外,还要对财务进行管理,要会算账,看得懂财务报表,知道民宿钱赚在哪里,亏在什么地方,损耗是否过高,这样的管理者才是会经营的管理者。财务管理直接关系到民宿能否长远发展,管理者不能只会"喊打喊杀",掌握财务知识是非常有必要的。

在财务管理中,有一个非常基础的公式:利润=销售额-成本。一方面要尽可能提升销售额,另一方面要降低成本,以获得预期利润。一个民宿有良好的现金流,是民宿运营顺畅的基础。理解并把握住这一基本点至关重要,通过财务数据分析,计算出民宿的盈利情况,分析问题所在,可有效掌握民宿的经营状态,利用财务管理进行决策,以促进民宿整体的盈利增长,获得良好的运营效果及长远发展能力。

比如销售,重要的不是把房间一间不剩地卖出去,达到100%的入住率,而是要在合理价格区间内,达到最佳的销售效果,否则,销售额很高,但毛利率非常低,甚至是负值,这种100%的入住率又有何意义呢?所以,只有从结构上来把握销售,意识到销售在淡季和旺季、促销和非促销中的结构怎样,才能很好地掌握民宿的财务状态,有针对性地制定改进计划,提升管理水平。

信息的管理

在民宿管理中,信息就是优势。民宿信息管理就是围绕人、财、物的信息化管理,例如民宿信息的管理、竞争对手的信息调查、顾客信息的收集建立等,这对管理者来说是很重要的管理工作。管理者应注意观察、收集、分析民宿管理的有关信息,例如要定期查看分析每周/月营业额、入住率、顾客意见表、顾客档案表、损益表等。

管理者要根据掌握的信息作定性分析,更加清楚地知道这些数据的变化,为什么变化?变化的原因在哪里?有针对性地找出来,然后制定改善方案,解决工作中出现的问题,从而提高工作的质量,保证店铺经营的顺利进行。

管理者做好了信息管理，民宿的经营管理问题就解决了一大半，你不仅是一个可以指挥协调的人，还变成了能掐会算的人，更能树立在团队中的威望。

总结

虽然，对于民宿管理者来说，"人、物、财、信息"这4大模块都要管理者亲自负责，看起来又多又杂，模块之间彼此联系又相互独立，但在实际经营过程中，管理者必须要保持大局观，按照轻重缓急、优先次序的原则，把握关键环节。作为管理者，不能只做最感兴趣的工作，更不能眉毛、胡子一把抓，有所侧重才能有条不紊地管理好自己的民宿。

一个勤奋的管理者并不一定是一个优秀的管理者，学会给员工授权，把非关键性工作大胆放权，这样不仅能促进员工的成长，更能让自己从琐碎的工作中摆脱出来。有很多优秀的管理者，都是有意识地让自己成为清醒的"闲人"，而不会把自己变成事必躬亲、迷迷糊糊的"忙人"，认识并实践好这一点，确实不易。

做民宿管理者，一定要做好心理准备，预见在民宿管理者路上可能遇到的事情，在脑海中做一遍遍的情景模拟，在理想和现实中间寻找一个平衡点。思考得越多，准备得越充分，推演计算得越周全，才能让后期的执行更加事半功倍。

如果你已经想清楚了以上几点，那么你可以准备阅读下一个章节了！从选址开始，一步步建设，搭建自己的团队，做一份让自己骄傲的民宿事业，认真感受这世间的美好。

大隐于世·冬奥小镇·2号院泳池

2 选址

好的开始是成功的一半

手把手教你开民宿

在乡村,人们将老房子改造,以田园风光为依托,将民宿打造成"世外桃源",吸引着一些时常做着"归隐"梦的都市人。

门前有水,屋后有山;早有鸡鸣,晚有炊烟。推开院门,一阵清风拂面而来,还夹杂着丝丝泥土的芬芳,沁入心扉,顿觉神清气爽……这就是乡村民宿。城市的快节奏生活让人压抑得喘不过气来,过几天慢节奏的田园生活,是一种美滋滋的享受。

开民宿的第一件事情,就是选址。位置是民宿的先天性基因,很大程度上决定了民宿的受众和受欢迎程度。位置选得好,民宿在经营上就成功了一半。有的民宿主在选址上考虑得不够周全,经营过程中就要用各种措施来弥补位置上的不足,结果广告投入很多,促销活动组织了不少,效果仍然不理想……

选址是一个主观判断结合客观实际的事。从主观上来讲,首先,地处的自然环境要自己喜欢,只有你喜欢这个地方,才愿意为之付出;其次,要符合大众审美,只有大家都觉得好的地方才是有市场的地方。从客观上来讲,还要考虑这个地方的

大隐于世·冬奥小镇选址在2022年冬奥会场馆附近

人文环境、生态环境、基础设施、交通通达性、周边景区、地块状况、租金及其他费用、当地对民宿的政策等。

比如，有的人在民宿选址的时候，一味地追求美丽的自然环境，开在深山或者离城很远的地方。这个时候，你要考虑的就不仅仅是自己喜不喜欢这片环境，还要考虑后期的建设、维护及经营成本。一车车的砖瓦运到山顶需要耗费多少人力、物力和财力？投入和产出比是不是值得，能不能负担得起？当地政府对民宿事业是支持还是保持中立？每一个因素都可能对后期的经营产生至关重要的影响，最终选址的时候，要对主观因素和客观因素进行评估，在主观和客观条件中取得平衡。

民宿是一个卖环境、卖体验的项目，如今民宿市场正在蓬勃发展，是进场的好时机，找一个自然生态环境良好的区域至关重要。除此之外，一个有利的地理环境是民宿的先决条件，能否和当地人友好相处、做好产业融合，也决定了你的民宿事业能否长久地经营下去。可以说，在民宿路上，选址成功与否，决定民宿主躺着挣钱，还是站着赔钱。通过有策略地选址，让民宿赢在"起跑线"上，取得先机。

地利是重中之重

民宿能否获得足够的客源、保持盈利，选址是关键，有利的地理环境是一切的重中之重，选址的时候不仅要考虑自然生态环境、商业大环境，更要考虑民宿周边小环境和与政策相关的软环境。

自然生态环境

在所有因素中，气候是一个重要且最稳定的要素，长时间内不会发生剧烈变化，一定程度上决定了区位的选择。常年温度适宜，日照、降水充足，不会出现长时段的极端天气，都是可行的前提。季节性的客流变动会对收益造成较大的干扰，一个区域能否形成客栈民宿集群，有没有稳定的客流是一个重要的前提。

例如，中国北方的大部分区域，

属于季风性气候,夏天炎热,冬天寒冷;青藏高原地区,自然条件较为恶劣,适合营业的时间较为有限。如果你能够把气候劣势变成优势,通过民宿产品设计,在寒冷时节也能够找到有特色、特点的休闲娱乐项目,让消费者有丰富的体验,将会降低很多经营风险。否则,建议谨慎选择,除非辐射大城市周边,有目标消费群体。

民宿在一定意义上属于休闲旅游的范畴,消费群体大多来自城市,他们一方面通过住民宿的方式来找寻不一样的生活体验,另一方面对居住的舒适度也有一定要求。因此,所处区域的生态环境好坏是消费者进行选择的重要参考项,主要看空气好不好、水源干不干净、周遭环境是否遭到破坏,或者周边有无违和建筑等。通俗来讲,就是要有山有水、树木成林,没有污染,最好还能够保持一种原生态,这便是民宿选址最理想的情况。

消费者群体选择民宿作为住宿的目的地,也是对其区域环境的认可。民宿视野范围内有云海、竹海、山景、海景、溪流、树林等自然景观;民宿附近步行可达的范围内有游乐园、采摘园、溪流等休闲区,都是该民宿的加分项。这些虽然不是必需的,但它们既能为民宿减少景观层面的投入,又能保证民宿附近的娱乐休闲性。

民宿所处气候适宜,周边方便可达的景区,地块周边独特的草木、山水等,这些能带来美好境遇和体验的自然资源,具有鲜明的先天性,选址的时候占有资源越多,资源禀赋也就越强。在民宿设计建设中,充分利用这些资源,发挥自然环境的资源价值,这类资源将成为吸引游客的重要载体。

商业大环境

中国地域辽阔,各地区自然环境、人文风貌、经济发展水平千差万别,各地区的消费水平、消费偏好也随之各异。民宿作为一个需要消费者到店消费的行业,区位的选择和消费者到达民宿的交通便利程度尤其重要。民宿在选址时,找的就是一种先天的驱动条件。一般情况下,民宿都会选址在大城市或景区周边,距离市场的远近直接决定了民宿潜在客群的规模。

从本质上来说,民宿是住宿业消费升级的产物,是旅行配套的升级产品。相对全国其他经济水平偏弱的城市来说,一二线城市或城市群居民出游率和人均消费水平都相对较高。这些地区具有较大的中高端旅游消费市场,民宿发展具有坚实的市场基础。当你有一栋老宅,紧邻大城市,就能

2 选址：好的开始是成功的一半

大隐于世·富春山居选址在第二批国家森林乡村

够抓住这一重要的市场条件。

　　辐射大城市周边的话，民宿和城区的距离最好在 60~200 千米之间。与北上广深等核心城市的距离以及和主城区的距离，意味着民宿的主流消费群跟民宿的距离，与日后的客流有着非常大的关系。这就是大隐于世民宿发展前期一直扎根北京周边的重要原因。

　　到民宿的交通通达性也很重要，主要是考虑将来客人到民宿的便捷性。民宿周边的路况怎么样，从城区到民宿有没有直达的高速，有没有公交车可以直达，从高铁站和机场来方不方便……这些因素都要提前考虑。这里要重点说一下停车，现在选择自驾出行的人很多，民宿所在的区域能否顺利、安全停车也是个很关键的因素。

　　随着中国各种交通网络布点的完善，特别是高铁的建设，时间成本也同物理距离一样，成为影响消费者决策的重要因素。到达民宿的时间一般控制在 1~3 小时车程范围内较合理，低于这个时长新鲜感会不足，没有那种"逃离"的感觉，高于这个时长消费者又会没有耐心驱车前往。如果民

- 23 -

宿离高铁站很近，那么坐高铁＋坐车不超过两个小时也可以考虑。

民宿与主城区的区位和交通的通达性是民宿选址的重点考虑因素，周边的旅游景点和资源也会提高民宿的经营品质。民宿方圆二十千米、车程半小时内，最好有4A级旅游景区。有景区，就有游客，你也可以根据景区的淡旺季、客流量、游客人群构成等对民宿位置进行分析。一般来说，景区规格越高，游客就越多，可以为民宿带来很多优质客源。比如，大隐于世·净隐南山就选址在景区附近，步行10分钟即可到达亲子乐园——青山园。除此之外，开车半小时还可以到达永宁古镇、百里山水画廊、四季花海、龙庆峡等景区。

除了辐射大城市之外，很多人也会选址在景区周边，依托景区景点的吸引力，借助先天的旅游住宿市场，发展自己的民宿。三亚周边的民宿就属于这一类型，三亚地处中国独特的地理气候区域，不仅有宜人的气候、清新的空气、湛蓝的海水、柔软的沙滩，还有最美味的海鲜，加之美丽的景色让人流连忘返，是很多人休闲度假的选择，这个地区的民宿自然应运而生，主要服务于前来旅游区观光旅

大隐于世·净隐南山选址在景区附近

游的消费人群。

辐射景区的民宿其实是游客出行的落脚点，很大程度上是旅行度假住宿群体的配套，民宿的选择融合了旅行度假的综合诉求，其客户主要源自来景区游玩的人群。因此，区域景观的独特性尤为重要，这意味着凭借先天优势能带来多少客流。在所针对的市场环境范围内，其景观越是具有稀缺性、唯一性，其价值就越大，这些都会成为民宿宣传的亮点。

民宿选址在大的旅行消费市场、在5A级景区周边、有世界文化遗产或在一个有着某种象征意义的地区，对应的客流量会比普通景区大，也会更有竞争优势。不过，千万不要被美好而偏僻的小众景点迷惑，最好选择成熟、有稳定客流的市场，周边景区的人流是民宿客源的基础，除非有很强的市场号召力，有信心把这个地方培育好。

背靠独有的自然环境及区域文化，要利用这种优势营造出"舒适"的氛围，要让客人感觉像回家一样。此外，还可以策划有当地文化特色的旅行线路或产品，让民宿不仅是旅行中的中转站，更是旅行中的解决方案，利用在位置上的独特优势，可以从卖房间，变为卖旅行产品，增加民宿的附加值，通过旅行产品带动房间的销售收入也非常可观，八达岭长城脚下的大隐于世·窑舍就是如此。

周边小环境

1. 相辅相成的周边环境

与民宿相辅相成的周边环境，其吸引力是不可估量的。民宿周边让人眼前一亮的当地特色、旅游资源、传统村落等，推开窗户就能看到优秀的自然风景一定是民宿重要的加分项。

当然，假如你运营了一家很漂亮的客栈或民宿，本身体验感也很好，但是周边配套跟不上，客人去一次就不会再去第二次了。独木不成林，这是一个民宿整体氛围的问题。你要好好想想："这里除了民宿，还有什么好玩的？"所以，在民宿选址的时候，看看本地有哪些在地优势或未来有哪些旅游产业可以导入，民宿如何与其他项目、产业相互配合协作、共同盈利。

2. 基础设施是否完善

除了美好的风景，周边配套设施是必须有的，给水、排水、强弱电、网络、通讯讯号、消防、污染处理等方面都需要细细考虑，做好调研，如

大隐于世·合宿·汀风选址在第六届全国文明村镇

果民宿所建区域配套设施不全面,建设成本及运营成本也会增加。如果电容量不够要增容的话,可能比你改造民宿的成本都要高,特别是在一些距离城镇较远的村落,所有基础设施都要在确定选址之时做系统规划,千万不要轻易陷入自建配套的境地。如果前期的成本投入过高,怎么样才能在一定时间内收回成本?记得做好成本核算。

3. 用院子装点生活

在房源的选择上,要尽量选择有特色、能展现当地文化的房屋,这样客人来此便能感受当地文化,像当地人一样生活。

在建筑面积上,1栋120平方米的房屋,通常可以改建成3~5间房,最好能在同一区域内找到3栋以上的房源,建成10~15间客房。因为1栋也好,3栋也罢,核心运营人员基本相同,集中多建设几栋民宿的成本反而会降低。

每个人心中都有一个小院子,装满生活的诗意。在古代,院子的大小向来都是身份和地位的象征。所以,院子面积也是重点考虑的因素,在院子面积较大的情况下，可以设计一些适合拍照打卡的元素，在院子内做各种有趣好玩的娱乐设施，客人们可以在院子里做一些活动。

如果院内有棵老树，也会增色不少，平添了几分诗意。通过空间布局，院落、绿藤、老树、小径、花草……对民宿进行更完美的演绎。"院子里，有我爱的花草树木，也有我所向往的春夏秋冬"。这些元素，你在大隐于世·冬奥小镇·2号院都能找到，而且最重要的是，这里还有一个大大的泳池，可以自成一方乐趣。

4. 选个安心的房屋

乡村民宿目前最突出的问题是缺乏清晰的产权结构。目前乡村民宿业产权结构上存在租赁、合作、地方政府代建、委托运营等多种形式，实际运作中很容易产生问题。签订租赁合同的时候要确认土地属性和房屋的产权归属，避免产生纠纷。

在选择房屋的时候，重点关注房屋是否是一户一宅，如果是的话，那么可以推倒重建，如果不是就只能改建，尽量选择独门独户的房屋，在房屋产权上避免产生纠纷；还要关注是否存在邻里纠纷，这个也很重要，关系到民宿是否能够顺利长久的运营下去。

5. 租金及其他费用

外来经营者和屋主之间其实是一种租赁关系，除非是自有物业，只要是租赁，租金都会是民宿行业的重要支出，地块租金过高，会影响整个项目的收益。一般情况下，租期越长越好（一般10~20年为宜）、租金越便宜越好，能年付尽量不一次性付清，在确保资金风险的情况下，尽可能降低自己前期的投入成本。

建成后，是否易于运营，合适的工作人员是否容易招募，当地人工成本的高低，物价的高低等，这些日常经营成本的考量也非常必要，需要深入了解、综合计算，切勿有一笔付一笔，导致最后多出一些不必要的成本支出。

6. 一定要保证安全

可能存在安全隐患的地方千万不要选，否则多少钱都不够赔。例如，可能会发生泥石流、森林火灾、区域污染和地基不牢固的地方，选址应慎重再慎重。一旦出现安全问题，对民宿将是毁灭性的打击。

与政策相关的软环境

政策是这个行业最不可控的一个因素，民宿作为新型业态，很多地方的政策法规并不明朗，不同地区政府也有着不同的态度，这就决定了办理所需证件的难易程度。遇到一些政策性的利好或利空，甚至都有可能对民宿经营造成颠覆性的影响。

民宿选定地址前一定要和当地政府进行沟通，最好能接触到这个区域乡镇一级的政府单位。了解到他们对民宿的态度，如果支持民宿产业，很大程度上能够帮助你疏通村主任和村民的关系，确保各级行政机构和当地居民的支持，如果能够帮你解决一些基建或者资金补贴的问题，则更好不过。

目前，大多数地方政府对民宿产业持支持态度，有些地方政府还针对民宿项目采取补贴和奖励政策，有的甚至达到投资额的30%。除补贴外，如果地方政府对旅游业、民宿业大力支持，那么日后在前期选址、施工建设、证照审批、实际运营、宣传推广中都会获得很多帮扶，让你少走很多弯路。如果政府方面没有发展民宿产业的想法，你将会遇到重重阻力和未知的困难。正所谓："好风凭借力，送我上青云。"做民宿借势是十分重要的，尤其是政策和政府的势。

大隐于世·窑舍

没有人和，经营举步维艰

你原本想"采菊东篱下，幽然见南山"，使自己和客人享受世外桃源般的生活。但是低头不见抬头见，做民宿免不了和房主、村民、政府、风俗习惯等产生关系。处理好乡村邻里关系等多种关系是乡村民宿长久经营下去的基础。

而且，乡村生态自然资源丰富，空气清新，农副产品新鲜，还有独具特色的乡村文化，乡村民宿如果能做好产业融合，可以满足众多出行者的不同需求，成为休闲旅游业的"新宠"。

与当地政府的融合

首先，需要明确你要做什么，你能给村子里带来什么。在合法合规的前提下做好规划，让村民受益、让村集体受益。村干部就是村中的旗帜和发令兵，和村干部处好关系，能省却很多麻烦，还能助力你的民宿事业发展。要结合乡村振兴战略，做好民宿经济规划布局，不能单打独斗，各行其是。

最常见的是民宿与农村合作社的合作，村民把房屋租给合作社，民宿主再从合作社租下来，统一签订租赁合同，同时给村集体一些分红，一般是民宿经营利润的 5%~10%。另外，通过民宿返聘村民，解决农村剩余劳动力问题，促进一产、三产的融合，也是与当地政府做好融合的重要路径。

通过优质的运营管理模式，盘活乡村闲置资源，形成利益共同体，让置身其间的每个人都可获利。

与房主利益的融合

虽然一再强调房屋产权的重要性，要尽可能地避免纠纷，但是现实是许多村民的法律意识比较薄弱，很容易单方面毁约。比如你以一个比较低的租金价格从房主手里直租，后期运营收益与房主未达成共识，那么前期较低的租金与后期运营收益分配不对等，可能会造成房主心理失衡，很有可能出现涨价或违约的情况，增加民宿经营的不确定性。

而且，民宿如果想做大，跟村民挨个签合同是比较麻烦的，最好能够让政府出面做好关系的疏通，与村集体形成合作关系,让大家成为一个利益共同体,共享发展的红利。

如果房主有意向,且有一定的资金实力,也可以成为民宿的投资人,出资建设改造民宿,民宿管理者负责后期的专业运营,按照一定比例做好利润分配,一同发展民宿事业。

与村民和谐相处

很多外来的民宿主,因为没有考虑到村民的利益,而陷入和村民无止境的纠纷中,造成了很多无谓的消耗。这种矛盾冲突依然可以通过村集体的形式解决。民宿经营产生的利润分红给农村合作社,再由政府统一分配给村民,让村里的老百姓从中获得一部分红利,很大程度上能避免纠纷。例如,每到年底,大隐于世会在民宿里为村民举行春节联谊会,邀请大家来这里看节目,为村民送去新年礼,也希望大家可以过个热热闹闹的暖心年。

大多数的村民已成为我们的合作伙伴。民宿主可以聘用村民,通过一定的培训,让他们来做民宿管家、厨师、保洁、维修工人等,民宿内外临时性工作也可以找村民来做。对村民而言,解决了他们的就业问题,增加了收入,并让劳动力从第一产业流向第三产业。对于民宿本身而言,让当地的村民留在这里,保留原来的乡村气息,也是一件很有温度的事情,能真实地展示在地文化特色。例如,大隐于世大部分员工都是附近村庄的村民,他们淳朴善良,简单又快乐,和他们接触,你也会被那种纯粹的笑容所感染。

通过民宿,让村民在家门口赚到钱,让城里人享受自由自在的田园生活,可以促进产业转型,实现城乡之间正向互动,这也是响应国家"乡村振兴"战略的一种方式。

和村民和谐相处

与民俗文化的融合

民宿本身还带有文化属性,客人选择住民宿也正是对这种生活状态的向往。其实,乡村的民风民俗对于城里人来说都是新鲜事物,民宿主要充分挖掘乡村文化底蕴,把地方特色元素巧妙地融入民宿,小到一个装饰物,大到建筑风格,都要独具匠心,保持原汁原味的"乡村气息",让客人耳目一新。把民俗变成卖点,打造属于民宿自身的文化氛围,将帮助你处理好很多人际关系,也能为日后的经营提供一些着力点。

中国地大物博,南北方的风俗习惯存在着较大差异,在南方和北方做民宿也会有所差异。做民宿一定要讲究入乡随俗,尤其是一些有着鲜明文化特色的地区,一定要尊重当地文化,融入其中,与当地的文化做好融合。如果做不到这一点,不建议轻易入场。

旅游产业六大供给要素为"吃、住、行、游、购、娱",民宿作为非标住宿,主要承担"住"的角色。但民宿的发展不是孤立的,要在"住宿"基础上,做好"住宿+"文章,适度延伸并承担其他要素功能,推进民宿与旅游、文化、康养、农业、商业等产业深度融合。慢慢地,一个个民宿小院,克服乡村的不利因素,吸收有利因素,依托乡村发展成一个田园综合体。通过"吃、行、游、购、娱"等更多方面,提供民宿增值服务,推动民宿高质量发展。

大隐于世 · 露营 Glamping

选址是民宿万里行的第一步，是确定方向的一步，只有方向对了，坚持才会有结果，才不会变成无用功。

当然，世事没有完美的，在实际的选址过程中，民宿很难占尽所有的"天时、地利、人和"，难以构建整个旅游服务体系。但在一定范围内，尽可能多地满足以上这些条件，对于民宿无疑是很重要的。用真诚的心去运作，也可以弥补一些客观条件的不足。

在此处，或是在别处，不过是一种选择，重要的是充分利用有利条件，努力克服不利因素，推动民宿稳步发展，用心做事。

案例：大隐于世·冬奥小镇

大隐于世自2015年3月创建以来，一直坚持以"绿色度假"为理念，打造特色度假小院，将已有的建筑和乡村进行融合，把高端精品酒店的管理模式、服务理念融入民宿，与当地的人文、民俗、自然景观融为一体，在京郊打造了一栋栋漂亮的庭院，从一个朋友欢聚的小院，变成了如今京郊响当当的民宿品牌。

大隐于世·冬奥小镇选址在北京市延庆区张山营镇后黑龙庙村，是大隐于世旗下以村镇集体为单位打造的民宿项目，是暨2022年北京冬奥会来临之际，以助力冬奥为己任建设的项目。

冬奥小镇一共规划了19个独栋民宿小院，其中有11个冬奥小镇系列民宿、3栋可静可闹的别墅屋，有5个院落还专门邀请了戴海飞、刘阳、朱启鹏、成直、王冲5位国内外知名设计师来规划，每一个民宿作品都兼具实用性和艺术感。

冬奥小镇的19个院子于2019年全部上线，每个院子都有不同的主题风格，田园风农家小院，ins风泳池民宿，华丽浪漫别墅屋，极简风特色民宿，不同风格给你不同的生活体验。将艺术和住宿互相融合，变成可生活可文艺的"艺宿"，不同的客人都可以在这里找到各自喜欢的院子。

除此之外，冬奥小镇还规划有露

大隐于世·冬奥小镇航拍图

天咖啡厅、瑜伽室、公共餐厅、有机农场、果蔬采摘园等,将旧村落打造成了集住宿、餐饮、休闲、娱乐为一体的度假小镇。来这里,不仅仅是休闲娱乐,更是一种美学生活体验,客人们来到这里可以全方位享受不一样的生活。

接下来,我们一起看看冬奥小镇是怎么起步,怎么一步步成长起来的。

大隐于世的创始人张海超和刘佳是一对80后夫妻,随着国内的民宿市场逐渐发展,和他们第一家民宿"大隐于世·秘境小院"的成功,他们决定在北京周边开拓更大的民宿市场。

延庆一年四季空气清新,是京郊度假的不二选择。延庆自古以来就被称为"夏都",平均海拔500米。冬季当北京市区雾霾的时候,延庆还依旧是蓝天白云;夏季当市区酷暑难耐的时候,这里的气候还非常凉爽,最

大隐于世·冬奥小镇·2号院

热的时候,比承德气温还低0.8℃。

随着2019年世界园艺博览会和2022年北京冬奥会的举办、筹办,延庆本地的一些基础设施也加快了建设步伐,为旅游业的发展创造了条件。从北京到延庆,不到100千米的距离,驱车2小时便可抵达。

其实,大隐于世创始人张海超和刘佳在选址时,走访了北京周边很多风景优美、自然条件很好的村落。但是环境好的要价高,而且村民的法律意识也比较薄弱,相应的风险也比较大。

当他们走进后黑龙庙村的时候,当地政府非常热情地接待了他们,初次交谈之后,就给了大量的信息,愿意全面支持大隐于世的冬奥小镇项目。为此,村子里还专门成立了合作社,老百姓把房子租给合作社,大隐于世再从合作社租村民的房子,将民宿经营利润的5%分红给合作社,剩下的利润业主和公司各占一半,这样避免一些潜在风险的同时,让村集体、村民都能得到一定的益处。这种组织管理模式,为闲置农宅提供了组织保障和强有力的资金支持,同时,还充分调动了农民参与的积极性。

后黑龙庙这个村落虽然有些破旧,但好在周边的环境还不错,不远处就有一条酷似"红树林"的乡间小河。而且,周边景区资源丰富,比如

合作社占比 5%
业主占比 47.5%
公司占比 47.5%

大隐于世·冬奥小镇·1号院与合作社、业主的合作分成

八达岭长城、古崖居、龙庆峡、野鸭湖湿地自然保护区、世界葡萄博览园等。从冬奥小镇出发，20分钟车程内均可抵达。

后黑龙庙全村100多户人家，村书记带着张海超跟刘佳挨家挨户拜访，但是村民对于他们的到来将信将疑，刚开始只有4户人家愿意把院子租给他们。

大隐于世来这里做的第一件事情，就是找铲车把路边的垃圾全部清走，然后每家每户门口都安放了两个垃圾桶，以便回收处理，以维持村子的整洁。他们还在道路两旁支起了木栅栏，在里面种上了花花草草，原本破旧的村落瞬间变了模样。村子里一点一滴的变化，村民们都看在眼里，慢慢地，大隐于世与村民之间的关系也更加融洽。

目前，冬奥小镇一共19栋民宿小院，不仅以房间为单位来销售，更多的是以整栋为单位的院落，一个院子通常是"N室一厅+一厨+N卫"的设计，充分考虑到空间的私密性和延展性，使得每个独立院落适宜居住8~18人。整院的设计不仅降低了销售、维护及人力成本，客人也可以在这样一个有院子、有客厅、有舒适客房的民宿里，无拘无束地享受朋友之间的美好时光，和家人朋友度过一个完美的假期。

冬奥小镇·1号院就是大隐于世与房主张阿姨直接合作经营的民宿项目，张阿姨把自家闲置房屋交由大隐于世打理，从设计装修到运营维护统一由大隐于世管理，张阿姨只需要根据该项目实际需要提供资金的支持。大隐于世在经营过程中，每个月会按照民宿实际入住率整理该小院的经营收入和支出，算出每个月的净利润，其中5%的利润分红给合作社，剩下的利润由公司和业主对半分成。

冬奥小镇·1号院2017年对外营业，到2019年两年时间里，早已收回成本。张阿姨还有幸得到了电视台的采访，脸上洋溢着幸福的笑容，别提多开心了。2019年还迎来了一批

大隐于世·冬奥小镇·1号院

特殊的客人,《女儿们的恋爱》综艺节目的拍摄,陈乔恩和艾伦在冬奥小镇·1号院里聚会,又把1号院的知名度推向一个新的高度,引来不少年轻人前来打卡明星同款民宿。

民宿的发展离不开优质的服务,离不开村民的努力,礼貌的接待、耐心的解答、整洁的院落、干净的内部设施等,是每一位在这里工作的村民的劳动成果。冬奥小镇每个院落至少配备一个管家及一个保洁,针对这类服务人员,大隐于世优先选择附近的村民,村民们在家门口就能找到一份合适的工作,照顾家庭的同时又多了一份收入。大隐于世·冬奥小镇的建设运营,解决了40余人的就业问题。

大隐于世·冬奥小镇以民宿为依托,打造了一条美丽乡村生活生态链,促进乡亲增收,活跃集体经济,带动区域发展,为美丽乡村建设添砖加瓦。

3

设计

理想生活方式的开端

> 想象中的生活，是我们常人向往但没有抵达的彼岸。以意识形态作为深入思考点，关注体验者的内心深处，如何设计？体验者需要渡过什么样的时光？

民宿设计到底在设计什么

浪漫的法国人有一句商业谚语："即使是水果蔬菜，也要像一幅静物写生画那样艺术地排列，因为商品的美感能撩起顾客的购买欲望。"

民宿的设计，不只是设计一栋房子，更是对生活方式的一种表达，是通过民宿构建一种生活形态，包括对建筑的设计、环境的规划与生活氛围的营造。如何将这种生活态度通过民宿的形式体现出来，就是设计时要考虑的问题。经过实地考察、创意设计、创意落地三个阶段，让好的民宿设计落地。

民宿作为非标住宿，大多数民宿都各具特色，带有强烈的主观意愿，有的设计形式甚至只为情怀，不考虑投资回报率，通俗地说，就是"我的地盘我做主"。但我想说，在民宿设计之前，一定要有前瞻性的策划，换位思考下，人们不远千里来到这里，是想获得怎样一种生活体验？客人来了之后，怎么住？怎么玩？怎么吃？甚至怎么拍照？这些在设计的时候都要考虑到，而不是一厢情愿地只做自己喜欢，但大众却不买单的产品。

除了人们能够直观感受到的民宿风格外，民宿设计更要尊重地域自然生态环境，一方面力图对生活环境破坏最小；另一方面应营造人与环境和谐共处的氛围。建筑设施以环保为出发点，尽量就地取材、低碳节能、崇尚自然，营造出"风过不留痕"的和谐氛围。特别是在原本就有旧民居的情况下，设计元素并非越多越好，而是要恰到好处，可以在保留老房子原貌的基础上，再融入一些个性化设计，通过细节来提升民宿的品质。

"建筑是自然的，要成为自然的一部分"。这是二十世纪伟大建筑师弗兰克·劳埃德·赖特所信奉的真谛。我们要关注的是空间、自然和参与者之间发生互动的关系，让建筑融入自然，和人产生关系，在自然和设计中寻找生活的乐趣。以新旧共生的手法，融入乡村画境，把老宅子重新激活，在传统的建筑中融入现代生活方式，带着历史的痕迹投入新的使用中，借助空间展开与建筑的对话，让整个民宿呈现出空旷闲适、自然诗意的意境。

一般情况下，我们将民宿设计划分为以下四点：建筑外观、院落景观、室内设计、成本控制。下面先一起看一下这四大模块，对民宿设计有一个整体的了解。

建筑外观

好看的事物总是能够吸引人们的注意力，做民宿也是这样，尽量让自己的民宿成为"第一眼美女"，即建筑外观造型美丽和谐，一眼看上去就很漂亮，让人心向往之。

建筑外观造型设计最好是在保留乡村建筑淳朴风貌的同时，加入一些独有的特色，展现在地文化和建筑特色，与周围环境协调一致。考虑到民宿客房的采光与观景的需求，适度增加建筑正对景观立面的开窗面积，并辅以与建筑、环境相协调的材质。让建筑顺应自然的法则，与自然融为一体。

当然，民宿建筑外观的塑造不仅是对立面的改造，更是对当地居住环境、景观及文化的设计改造。第一眼就能呈现出很好视觉效果的建筑，总能吸引很多人的眼光，甚至开车路过民宿的路人，都会驻足欣赏一番，停下车来与建筑合影，能够极大地增加民宿的到访率。

大隐于世·合宿就是一个很好的例子。走在村子里，很容易注意到门口布满仙人掌的大隐于世·合宿，透过低矮的围墙，稍稍踮起脚尖还能一窥院子芳容，很多人走到这里就忍不住和院子来张合影，一抬头，白色的露台上还有 line friends 的点睛之笔，在露台上眺望远方的山川花海，从远处就能感受到这个房子的魅力。

这里没有宏大叙事的建筑空间，也没有昂贵繁复的材料做法，就是北方农村常见的砖和木，设计师只是进

大隐于世·合宿

行了一些尺度和形式的调整,以及种植多肉植物等让建筑或退化或异化的手段,使人对光、风、山、水的体会更真切些,形成舒缓朴素的空间氛围。

安静得犹如白色奶酪般的方正建筑,以一块块清澈透明的玻璃砖镶嵌其中,加以整面的黑框落地玻璃衔接,完全能够把阳光引入空间中,当天气好的时候,斑驳的光线洋洋洒洒地散落在空间的各个角落,似有似无,忽明忽暗,别有一番韵味。

户外浅浅的几洼绿草点缀几许高傲的仙人掌,与建筑间形成了一种无形的交流,互相簇拥着彼此。平缓的围墙下,顺利地将视线引向远处连绵的山脉,当然也可顺着楼梯上到屋面,或聚或闹或眺,轻松随意。

院落景观

"我就想要一个带院子的民宿"。这是很多客人的真心话,在城里生活久了,精致舒适的生活触手可及,但是带院子的家实在太稀缺了,出来度假就想要乡村的那种自由自在,在院子中喝喝茶、吹吹风、聊聊天。

1. 可观可玩的景观

推门而入的一瞬间,就要产生惊喜的感觉,最好能给目标消费者带来惊喜的感觉,那是一种心灵深处的渴望与民宿之间的刹那共振。

在热门慢综艺节目《向往的生活》中,一群人在悠闲的蘑菇屋里把酒言欢,诞生了许许多多有趣、感人的瞬间。作为庭院环境空间元素,理想的户外休闲区要在庭院设计中有充分的展示,不仅是休闲的好去处,更是打卡必备,可以构建出一处悠然自得的休憩空间。好的民宿景观可以很好地提升娱乐性和观赏性,在庭院中设计一个独具特色的休闲纳凉之地,可以让客人在庭院里得到身心的放松。

比如推开大隐于世·鲁西西的院子的木门,便仿佛进入了一个童话世界。小院的围墙把美景统统收入院中,大片大片的草坪、清澈见底的小水池、休闲纳凉的草亭、烧烤休闲区等应有尽有。草亭算得上是小院颜值担当,坐在凉亭下面,躺在懒人沙发上,煮酒论英雄最好不过了。如果遇上下雨天,躺在亭子里面听着雨声,看着雨滴从稻草上一滴滴滑落,心情也会格外宁静,这种久违的感觉真好。

2. 有了水,就有了几分灵性

水景观可以说是设计中很重要的一部分,无论在北方还是南方,泳池的出现都为民宿本身增添了不少亮点。特别是夏季,泳池绝对是最大的加分项,而在宣传推广方面,带有泳池的大图也总能获得高曝光和关注度。很多客人来到民宿,推门而入看见一座泳池,就忍不住扑通跳进去游

大隐于世·鲁西西的院子

上两圈。水池里发出潺潺的水声，使人能时时刻刻聆听大自然的音符，身心得到放松，孩子们也可以在嬉水池里肆意玩耍。

夏有清凉的泳池，冬有温暖的私汤，私汤民宿可以在秋冬季节让你一直暖到心里。"占一池私汤，煮一壶暖酒，望星月当空，赏白雪，此刻只想贪恋冬日的温暖"。褪去外衣，走进温暖的泉水中，红色的玫瑰，白色的雪花，还有那被热气熏红的脸颊，仙气缭绕，花香扑鼻，没有什么比冬天的私汤更能治愈心灵的了……私汤的设计，可以让民宿在冬天这样一个传统的淡季，也可以有很高的入住率。

除了泳池、私汤这种占用空间、投入成本高的水景之外，还可以做小型的嬉水池，清澈的小池子也可以让孩子们尽情玩耍，或者在庭院里做一个小水池，里面放上几条小鱼，也可以给院子增添不少乐趣。无论是泳池、私汤，还是嬉水池、小水池等，无论是哪一种类型，只要有水的加入，院子里就多了几分灵性，总能激起无限的诗情画意。

大隐于世·净隐南山私汤

3 设计：理想生活方式的开端

大隐于世·冬奥小镇·10号院庭院

3. 植物是最好的空间优化师

对于一座庭院，植物是最好的空间优化师，一座沉寂的建筑，因为有了枝繁叶茂的植物，便焕发出新的生机。植物赋予民宿的魔力难以用语言来描述，站在院子的土地上，无比真实地感受着每一株植物伸展的枝叶，每一处都是生生不息的力量。民宿的庭院中最好做到三季有花，四季有景可观。

大隐于世·冬奥小镇·10号院就是这样，院落被满园的花草包围，特别是夏天，茂盛的花草让整个空间充满了活力，翠绿的竹子，粉嫩的绣球花，艳丽的玫瑰……还有许多一时叫不出名字的花朵。庭院中还特别栽种了果树，等到果实成熟后，就可以与宾客共享收获的喜悦。躺在池边的休闲椅上，望着满园迷人的花色，呼吸着几口山中清新甜美的空气，整个身心都能得到治愈。

民宿中有一片绿油油的草地，也可以让大人和小孩尽情嬉戏，在民宿里就能来一次户外野餐，小姐妹们坐在草坪上欢声笑语，一起品尝美食，一起拍仙仙的美照，一起体验惬意的田园生活，感受大自然的美好。

4. 用设计激发五感，全方位地抓住消费者的心

在《设计中的设计》一书中，日本著名设计大师原研哉对"五感"的概念进行了详细的阐述和探讨，他写道："了解人的感觉及感受形式，然后利用设计让受众得到并了解讯息，是二十一世纪设计发展的新方向。"

怎样将感官、人性的思考融入民宿设计中，使五感相互关联，从而全面打动消费者，通过设计使民宿变得有温度、有活力，可被感知，可被感受，甚至可触动人心，成为众多设计师关注的焦点。

五感就是五种感觉器官的简称，基于相应的器官而来，由眼睛感知的"视"，由嘴感知的"味"，由鼻子感知的"嗅"，由耳朵感知的"听"，由肢体感知的"触"。研究表明：五感中感受最深的是视觉，占37%；其次是嗅觉，占23%；听觉，占20%；味觉，占15%；最后是触觉。当一个人的某一个感官被刺激时，正是触动心灵的那一刻。

浪漫的法国人有一句商业谚语："即使是水果蔬菜，也要像一幅静物写生画那样艺术地排列，因为商品的美感能撩起顾客的购买欲望。"视觉感知设计的重要性不言而喻。白昼，我们可以看到花草，可以看到美景；到了夜晚，天色暗淡，除了漫天的星星，院子里的气氛也特别重要。

庭院照明也是设计的重点，在景观亮化方面，灯光成为创造、点缀和丰富环境的重要因素。选对了庭院景观灯，不仅可以照亮像花园一样的庭院，而且可以有效地保证宾客在夜间活动时的安全，也为夜晚的庭院增添了许多温馨、浪漫和神秘。可以用一些隐蔽或者富有艺术性的灯具加以装饰，使灯具本身融合到景观之中，共同营造出一个温馨的环境氛围。

再以冬奥小镇·10号院为例，当夜幕降临，冬奥小镇·10号院又将是另一番景象，鲜花包围的院子中央，是一个用无数霓虹灯搭起的伞灯，鹅黄色的灯光让整个院子的氛围瞬间温馨了许多。伞灯的最顶端还挂有一个日系式的风铃，微风轻轻拂过，风铃会发出清脆悦耳的声音，一颗颗闪耀的霓虹灯就像一个个萤火虫，伴着风铃发出美妙的乐章，在空中翩翩起舞。坐在梦幻中的浪漫家园里，还能闻到阵阵花香，抬头便可看到满天星辰。

大隐于世·冬奥小镇·10号院庭院夜景

这样一来,既能享受视觉盛宴,又能触动嗅觉感官,还能借风铃声、水声来丰富空间内部的听觉层次。

此外,也可以在符合民宿整体主题定位的基础上,做一些配套的娱乐休闲项目,比如户外烧烤设施、海沙池等,从而调动人的味觉和触觉,整体呈现的效果也会大大提升。但是要记住,一定要符合民宿的整体风格定位,否则就会花了钱,还不讨好。

通过设计来激发人的五官感觉,能让消费者在享受设计带来的便利的同时,也感受着感官之间共同作用所产生的愉悦感。五感就像是在设计中的一种语言,它在消费者和民宿之间架起一座沟通的桥梁,给民宿空间注入了新的活力。这些不仅仅适用于庭院设计,对于室内设计更是如此,只有这样才能全方位地抓住消费者的心。

室内设计

民宿的室内设计风格很考验大局观，也是整个民宿设计的灵魂所在。不管是谁来到民宿，首先注意到的就是民宿的整体风格，这是真正体现民宿特色的地方。

要想获得消费者的青睐，民宿的整体风格最好符合主流审美趋势的同时，充分利用当地资源，在风格上融合在地文化，做出自己独有的特色，给客人带来不一样的居住体验。

民宿室内设计需要从民宿的整体功能划分、视觉感受和使用体验上考虑。接下来，将从风格、空间、色彩、光线、装饰五个方面依次给大家介绍民宿室内设计的要点。

1. 风格

首先，最好能确定民宿的整体风格，为民宿设计奠定基调。无论是田园风农家小院，还是 ins 风泳池民宿，无论是华丽浪漫别墅屋，还是极简风特色民宿，不同设计风格，会给人不一样的生活感受。当然，打造独有 IP 的主题民宿也是个不错的选择，重点是民宿整体的风格统一。

从家具、门窗，到地面、软装，等等，都要与民宿整体风格保持协调，把握好整体风格，不能有违和感。高

大隐于世·冬奥小镇·嗨巢

品质的室内设计可以让人产生好的视觉留存和印象留存，视觉留存让用户更乐意分享，印象留存则更容易让用户产生购买欲望。

2. 空间

对室内进行空间划分看似简单，实则不易。一般来说，民宿空间分为休息区、活动休闲区、生活区。休息区需要相对安静；活动休闲区应该保证一定的活动空间；生活区则需要保证卫生，具有一定舒适性。需要对这三个功能区域进行合理划分，相互独立且不互相打扰，同时也要做好动线设计，保证区域之间合理通行。

因为民宿空间相对较小，因此在空间设计上应尽可能地利用好每处场地。在保证核心配套需求的基础上，多做几间客房可能更重要些，但是公共活动区域也不能忽略，一个温馨又符合主题的客厅，会给顾客带来良好的第一印象。

各空间的大小应以实际需求来确定，既不能没有合适的休闲区，让客人来了之后只能待在房间，也不能一味增加公共空间，而将室内空间压缩。要通过评估测算，找到室内各功能区之间的平衡点。在这里想提醒一点，房间设计不是只能做大床房或标间，这几年流行的榻榻米也是一种不错的选择，榻榻米的设计能够极大地增加空间弹性，让空间更加灵活。

比如，大隐于世·冬奥小镇·茌苒是80后青年设计师朱起鹏的设计作品。茌苒的活动区是一个集客厅、厨房、餐厅于一体的多功能厅，透过客厅的曲面玻璃墙，还可将后院的老屋遗址景观尽收眼底。然而，环顾四周，却很难发现这里的卧室。

"共享空间是完整的，居住区是安静私密的"。热闹之余，朱起鹏老师希望每个人都能拥有一个属于自己的小天地。茌苒的4个房间分别藏在屋子的四个角落，关上门，很难看出来是一个房间。推开卧室的大门，每个房间独具特色，有的是大床房，有的是适合多人居住的榻榻米房，为每个房间还专门打造了一个属于卧室的小景观，捧一本好书，品一杯好茶最为惬意。

3. 色彩

民宿的色彩搭配，直接影响到整个民宿的视觉效果。没有难看的颜色，只有不和谐的配色。在一所房子中，

大隐于世·富春山居客厅

可以利用色彩确立民宿房间的整体格调,不仅可以给人带来视觉上的差异、冲击,还可以带来美的体验,甚至直接影响顾客的情绪。比如,紫色会给空间带来压抑感,使用大量粉红色容易使人心情烦躁,等等。

一般情况下,颜色搭配比例为主要颜色60%+次要颜色30%+其他颜色10%。60%的主要颜色不要太扎眼,这60%只是背景色;30%的次要颜色要吸引人,视觉的重点就在这30%色彩上;另外10%是点缀色,要有安静的配色,也要有出挑的点睛色。

想在民宿室内展现家居品位,尽量使用素色的设计,房屋的颜色除黑白外不能超过3种。最好先确定一个主色调,再添加一两个辅色调,顶面到地面的颜色由浅到深,营造出一种稳定感,这样整个居室的色调看起来更和谐。在色彩搭配时,还需要考虑房间朝向,如果采光好,可用深色系,如果采光不好,建议采用浅色系。

选择合理的配色能使空间产生灵动感,活力倍增。确定好主色调之后,可以将颜色延伸到家具、墙壁、地面上，使整个房间相得益彰。此外，还可以用部分跨度比较大的点缀色，以靠垫、椅子、茶几、灯饰、针织物、植物花卉等物品为载体，来打破单调的整体效果，营造生动的空间氛围。

4. 光线

光之大师安藤忠雄曾说："在我所有作品中，光线是最重要的控制因子。"没有光，空间将有如被遗忘了一般，有了光影的陪伴，便有了灵魂。

光线要素可以从自然光和灯光两方面考虑。无论是日光还是月光，善加利用都可以给民宿带来更多的可能性。光照射在室内的物体上之后，就会产生阴影。很多大师级别的设计师经常会利用各种光照之后产生的影子来装饰室内环境，光影错落，移步异景。

在室内设计上，光不仅能满足人们视觉功能的需要，而且是一个重要的美学因素。光线设计中有一个"5：3：1"的黄金定律，即集中

大隐于世·半山水喜

性光线、辅助式光线与最基本光线的比例为 5：3：1，应尽量做到柔和，既不明亮刺眼，又不过于昏暗。

灯光与建筑完全融合，形成一种建筑语言，当你置身其中，只看见空间中流动的光影和张弛的生活无限交织。很多设计师通过光线的运用，为空间增添了很多层次感和艺术性。

5. 装饰

一个富有创意的装饰物，可以给客人留下极为深刻的印象。民宿装饰物在民宿空间中起到非常重要的作用。各种家具、配饰、器皿、一次性用品都要统一格调，和整个民宿的整体风格完美搭配。同时，也要考虑到装饰材料的材质、质量、触感、环保等问题。

针对空间的装饰，客人们是最容易感知到的，一个复古的收音机，一个漂亮的花瓶等，都足以让人心生欢喜。好的装饰，应该既能满足功能需要，又能满足美的需求。不妨多买一些挂画、地毯、落地灯、雕塑、绿植等，让民宿多一些记忆点。

客厅里一组沙发，搭配一把单人椅，会显得比较有格调。地毯和落地灯之类的装饰物，很多人觉得不好打理就不买，但要想有效果，民宿里最好能够配备，让客人在民宿比家里更加舒适惬意岂不更好？沙发墙上的挂画可以是单幅，也可以是两三幅的组合，但不管是单幅还是组合，尺寸都一定要大，这样才有好的视觉效果。

再比如装饰用的绿植，可以在墙角、沙发一头、电视柜旁等位置，放一盆大型（高 1.5 米以上）的绿植。在桌面上、书架上也可以放一些小盆点缀性的绿植。小盆的绿植连摆许多盆，形成一大片也会有意想不到的效果。有植物的空间，是最有青春活力的。

此外，在民宿整体风格协调一致的基础上，还可以在民宿设计中添加一些流行元素，在民宿内部形成打卡点，可以是一堵网红墙，一个美丽的角落，也可以是一个 ins 风的床幔等。一个好的取景空间，可以让很多喜欢拍照的人乐在其中，还可以促进传播。

房子可以是旧旧的，但里面各种物品要精心布置，哪怕是桌子上玻璃瓶里插的花，都应充满人情味。对细节的关注，会让住在这里的人更舒服。

大隐于世·半山水喜客厅

成本控制

对,你没有看错,成本控制也是设计的一部分,在处理好上述要点的同时,成本控制是最重要的。很多民宿做得很漂亮,生意也很好,但照样坚持不下去,原因很简单,大多因为选址不当以及不计成本的装修和投入。一个运营良好的民宿,一般是3~5年的回本周期。

你需要就客房数量、预计房价、投入预算和回报周期做好计划,切勿盲目、不计成本地一味求好。随着竞争越来越激烈,一般量化的数据,如果测算3年无法回本,那就真的需要认真考虑该问题了。

从投资回报来帮助民宿主控制设计及装修成本,是一个民宿主应该重点考虑的事情。在了解了民宿设计包含什么,应该注意哪些要素之后,究竟要怎么对成本进行控制呢?其实,成本控制本质上就是由谁来设计的问题,接下来的内容就一起讨论下由谁来主导民宿设计,要不要请设计师。

民宿到底由谁来设计

谁来主导民宿设计

民宿到底由谁来设计？一般来说，民宿设计无非是自己做、找兼职做、找专业设计师做。

很多人认为民宿体现的是民宿主的情趣、品位及生活方式等，因此，很多民宿主成了民宿设计师。从装修设计到内部陈设都亲手制作，挥动自己并不熟悉的斧头、锯、刻刀、凿子、钳子、油漆刷，把一件件物料组合成一件件让人欢喜的艺术品。

有一些人做民宿设计，设计图都装在脑子里，工人都在现场听从安排，今天干什么明天干什么，没有太多规划，做了以后觉得不好看，拆了重新建。一拆一改之间，耽误了很多时间，很多白花花的银子也就这么浪费掉了。

要知道，隔行如隔山，每个圈子都有自己的行业术语，工人常说的话，你可能听几遍都听不懂，你脑子里特别好的创意，工人们可能压根儿不明白，说半天才发现根本就对不上，中间少了个把想法落地的翻译者。

当然，民宿界也不乏民宿主有设计天赋的案例。关于设计师这方面，如果你本身就有设计方面的天赋和能力，或者就是设计师，大可凭着对民宿的热情将自己的创意落实。

比如，大隐于世的第一个院子"秘境小院"，院子里的一砖一瓦、一草一木都是女主人刘佳精心设计建造的，从视觉到感官，从一个破旧的小屋到呈现出理想家园的模样，每一个细节都能触摸到用心，每一处角度都是风景。

刘佳虽然不是专业的设计师，但是从小就爱美，也很有自己的想法。秘境小院的成功也让她更加坚定了自己的眼光，先后又设计了"半山·木喜""冬奥小镇·2号院""鲁西西的院子"等。其中"冬奥小镇·2号院"一开业，就达到了100%的入住率，女主人刘佳自己想在院子里办个活动，都要提前预留。由刘佳设计并以她的花名"鲁西西"命名的"鲁西西的院子"更是火到新高度，抖音超2000万人围观，超80万人点赞，还成为大火的综艺节目《女儿们的恋爱》

3 设计：理想生活方式的开端

拍摄地，杜海涛、沈梦辰这对情侣和朋友们在这里聚会，"鲁西西的院子"无疑成了大隐于世分量十足的一张名片。

但即便如此，大隐于世老板娘刘佳依然坦诚地说："虽然我在设计方面略有天赋，但依然走了很多弯路，前期的一些项目面临着重新翻修的现状。如果能找专业的设计师把把关，会避免很多麻烦。毕竟，找专业的人做专业的事更有保证。"

对呀，"专业的人做专业的事情"是社会运行的普遍规律。所以，你可以问一下自己，是否有设计天赋？是否对民宿设计有基础的认识？是否能够应对可能发生的意外？如果答案是肯定的，可以大胆尝试，如果是否定的，还是建议慎重考虑，因为你不知道有什么未知的事情在等待着你。

有人可能会说："我是准备请设计师的，但是设计费用太高，找一个接私活的设计师节省下费用行不行？"很多时候搞不明白，不少民宿主舍得投钱在硬装和软装上，但是舍不得多花点钱去请一个更好的设计师，做更好的设计。

大隐于世·鲁西西的院子，《女儿们的恋爱》第一季拍摄地

你要知道，民宿设计不只是出个设计图那么简单，设计是从前期考察测量到模型设计、效果图设计、方案平立剖面设计、施工图平立剖面节点详图设计、节能设计等，一整套流程下来的工作量是非常大的，一般需要几个专业人员配合完成。在设计链条上，设计师不仅要考虑前端的规划设计，在施工阶段，设计师的紧密跟进也是非常有必要的，为了省钱找一个兼职设计师并不是一个好选择。

民宿作为非标住宿，为什么卖的价格比周边五星级酒店还高？这价格中，除了民宿本身的产品和服务外，一个很重要的因素就是风景。通过设计帮助民宿打造最美的风景，也是设计师绞尽脑汁要实现的目的。

而且，在这样一个"颜值经济"的时代，颜控出现在我们生活的各个方面，外观出众的民宿往往是最能吸引人们注意力的，而这离不开民宿的设计。一个优秀的设计师能够有效利用房屋原本的属性，融合周边景观设计、建筑设计等，在不用花很多钱的情况下，也可以做得很有个性，提升民宿的"颜值"。好的设计意味着将来的每一天每一秒，都会帮你多赚钱。所以，还是建议找设计公司合作，不要省那几万块钱的设计费，找一个专业的设计师能帮你省很多事情，还能在成本上进行把关。

冬奥小镇·6号院，民宿空间虽然不大，但是动线设计得非常合理

但在找设计师这件事情上,并不是随便找个懂设计的就行。有很多设计师的设计方案都是空中楼阁,让他设计一个漂亮房屋没问题,但是实用性大打折扣。一个好的民宿管理者,一定是比设计师更了解顾客的需求,在设计当中,特别是功能性方面,需要这二者的相互协作,配合默契也非常重要。

所以,你得先有目标客户人群的定位,明确了用户画像后,再根据这个定位去做设计。根据消费能力和年龄段可以做最简单的人群定位。300~500元、25~40岁的人群和500~800元、35~50岁的人群,所需的设计风格肯定是截然不同的。

至于最终选定什么样的风格,则更多取决于民宿主自己的审美偏好、对用户的理解以及设计师的水平。但千万不能让设计限定的人群太窄,一般来说,设计风格的受众越广,后期营销上的获客成本就会越低,在这些客人体验过以后,造成的自传播效果也越好。

一般来说,女性、年轻人、高收入群体等的传播能力更强,做产品的时候可以认真考虑这类群体的需求。

最终,你想要哪种风格,让设计师通过空间布局和功能设计,让民宿实现美好的居住体验。

此外,你也要记住,设计师的存在是帮你在控制成本的基础上,设计出更加漂亮实用的东西,预算要严格控制,不能让设计师跟着感觉走。

民宿设计不是独立的个体,而是一个整体,建筑、环境、氛围都需要进行设计。但每一个地方的自然环境都不太一样,尤其是乡村民宿、景区民宿,比如,选址在气候湿润的区域,如何防潮就是一个重要问题。此外,农村取水问题、化粪池排污问题、电压增容问题都是设计师需要考虑的。毕竟民宿的环境不同于城市住宅,一个优秀设计师也许可以做出精致的效果图,但若缺少乡村文旅项目的操作经验,可能无法设计出良好的民宿入住体验。

在选择设计师的时候,最好找当地的、有乡村文旅项目经验的设计师,当地的设计师会对当地的风土人情及自然环境有一定的了解,生活在那里,或者至少在那里生活过一段时间的设计师,对周围的环境会有更深入的感受,做出的设计才会贴近当地的生活。同时,设计师最好有同理心,能设身处地地设想客人来民宿后的使用感受和体验。如何将民宿整体融入周边环境？如何将民宿内部园林设计与周边衔接？如何让民宿室内设计有效打通屋外风景？这一系列问题，也都可以在一次次的考察实践中逐步发现解决。

好的民宿从来不是刻意用奢华的东西堆砌出来的，经得住时间考验的作品永远是最具说服力的。可以看看设计师以往在该地的设计作品，有条件的情况下，也可以去设计师曾设计过的项目里住几天，实际感受一下项目的细节处理、动线的设计、选材的做法等。如果几天下来感觉不错，那基本就可以合作了。

设计费怎么收取

要想做品牌精品民宿，让民宿有特色，有细节，让整个空间可以和顾客形成互动，一般需要一个专业民宿设计团队去完成。

设计费一般是怎么收取的呢？价格太低的担心达不到效果，价格过高的又承担不起。俗话说："一分价钱一分货。"好的设计团队收费高是有一定道理的，假如为了省钱随便选了一个，设计方案很普通，施工工艺方面也可能出现很多问题，如果造成反复拆改更是得不偿失。

个人认为，找一个专业且经验丰富的设计团队，是完全可以在施工和后期的运营上帮民宿主节省费用和提高盈利的。如果条件允许，可以和设计行业有名的设计师合作，虽然费用可能高一些，但设计师的作品能够有一定的保证，而且，还可以借助设计师的知名度进行宣传，"大师设计"也是民宿品牌传播的一个亮点。

设计一般包含创意全案设计、创意设计、创意制图设计，所对应的设计费用也不一样。创意全案设计从现场量房到三维效果制图再到现场服务等，可谓是一价全包，省心省力；创意设计和创意制图设计所涵盖的服务相较于创意全案设计有所减少，价格也便宜很多。民宿主可以根据预算和实际需要进行选择。

下面以大隐于世正经设计工作室为例，看看设计费到底是怎么收取的，当你选择设计团队的时候可以参考。

附：大隐于世正经设计工作室
民宿设计收费标准明细及说明

一、创意全案设计

创意全案设计收费标准按照每平方米收取，建筑每平方米 300 元，庭院每平方米 100 元。（如果选择我方施工队，设计费用可享 8 折优惠）

创意全案设计包括以下服务内容。

（1）现场量房，设计概念构思及方案制作，包括前期概念分析、建筑形式及外观分析、材料分析、平面方案分析、草图全景展示，以及搭配意向图，可用 PPT 的形式进行展示。

（2）三维效果图制作，包括材质设计、光源设计、软装设计、色彩设计、建筑外观设计，依照 ppt 的形式展示。

（3）施工图制作，包括建构图、平面图、立面图、剖面图、大样图、水电图。

（4）材料清单：施工清单、主材清单、软装清单、设备清单。

（5）现场服务：配合施工现场设计交底及后续施工过程中各个施工节点现场验收，配合材料选购，直到所有施工完毕入住之后为止。

二、创意设计

创意设计收费标准按照每平方米收取，建筑每平方米 150 元，庭院每平方米 60 元。

（1）现场量房和设计方案制作，包括平面方案分析、材料分析、草图全景展示，以及搭配意向图，可用 PPT 的形式进行展示。

（2）三维效果图制作，包括材质设计、光源设计、软装设计、色彩设计、建筑外观设计，依照 ppt 的形式展示。

（3）施工图制作，包括平面图、立面图、剖面图、大样图、水电图。

三、创意制图设计

（1）创意制图设计收费标准按照每平方米收取，建筑每平方米 80 元，庭院每平方米 30 元。

（2）创意制图设计首先由业主提供建筑尺寸，按照客户基本需求进行设计，只需要绘制施工图及草图效果即可。

大隐于世·净隐南山

案例：大隐于世·净隐南山

项目名称：大隐于世·净隐南山
占地面积：约 3600 ㎡
建筑面积：约 650 ㎡
庭院面积：约 2950 ㎡
设计单位：北京无隐建筑空间

净隐南山是大隐于世旗下集私汤、泳池、别墅、田园综合体于一体的私汤度假酒店项目，地处北京市延庆区刘斌堡乡山南沟村，南侧是延琉路，北侧有山东沟村，东侧是双髻山。

大隐于世的创始人张海超非常重视净隐南山项目，这是大隐于世民宿产品的一次创新升级，开工之前他看过很多设计公司的优秀案例，也亲自体验过许多设计师民宿项目，近距离感受设计师带来的舒适体验。最后，张海超基于北京当地的自然生态环境及项目属性，决定与北京当地民宿圈有名的设计师李帅合作，他创办的北京无隐建筑空间专注度假酒店精品民宿设计，以无限创意和山隐理念为基础，用现代东方元素去探索，重塑民宿的灵魂。

李帅是一位80后新锐设计师，北京无隐建筑空间创始人，在10年的设计师生涯中，他参与过很多五星级酒店的设计。喜欢自由、亲近自然生活的他，一直秉承着"无隐"的设计理念，即反对过度装饰，返璞归真，让设计带来更舒适、健康的生活，探究人、空间、自然的终极距离，使人与自然更亲近。李帅在民宿设计中，非常注重历史的传承，将老房子里有用的内饰全都保留下来，让废弃的老宅都可以继续演绎动人的故事，经他设计的民宿也屡获金奖。

项目确立后，李帅带领自己的设计团队实际勘测考察项目，挖掘了当地的设计元素，结合净隐南山的民宿定位，将水的概念融入整个项目里。"山多主贵气，水多主财富"。背靠双髻山的净隐南山，有了"水"的贯穿之后更多了几分魅力。通过当代设计对传统建筑形式、结构、材料、肌理进行新的诠释。

净隐南山的建筑是典型的北方民居，借鉴村庄传统坡屋顶的形式将其转化为符号，在设计中延展，让空间更具亲切感也融于周围环境。灰瓦坡屋顶的设计，和对面的山脉相映成趣。走进净隐南山，5座院落及接待中心依山而建，餐厅独居一隅，每一座院子都是时光、自然与空间的凝聚，让你仿佛置身仙境。

设计师从年轻人钟爱的水晶钻石切割面里获得设计灵感，将斜切设计手法融入院落景观，打破原有的条条框框，多了几分随性。不规则是对规则的重新定义，通过几何形体、解构主义手法打破常规，创造新生空间，不仅有视觉的冲击，也有功能的聚合。夜晚灯光亮起，绚丽的几何分割图形打破空间的沉闷感，白色建筑自由散落其中，点、线、面构成一幅独特的星图，与浪漫的星空遥相呼应，仿佛诉说着自己的神秘。

好的民宿不单是远离喧嚣，更要设计精致、自成风景。白色建筑纯粹简洁，富有感染力，弱化建筑体量，留白给乡野自然。步入院中，好像进入了一个公园，参天的大树、不规则的泳池、烧烤区、小型舞台……你可以在这里尽情地玩闹。多个功能区组合在一起，也使得净隐南山的功能十分强大，可以满足当代年轻人的多种社交活动，比如，生日聚会、宝宝宴、小型婚礼、朋友聚会、公司团建等均可承接，各类型的活动为净隐南山增

大隐于世·净隐南山

添了更多可能性，让这里不仅仅只能卖客房，还有了更多元的营业收入。

　　设计师围绕景观中心泳池区的设计着重于创造空间与空间、空间与自然的关系，斜切层叠的起伏，勾勒出空间里的时尚与绚丽，更吸引年轻朋友打卡拍照。洒脱的大体块挑出、悬空，面与面的有序梳理、重构，使得空间丰富且多元，不同的形体关系营造了不同光线下的氛围。一块块水晶砖的堆叠营造出一个个镜面，也让不同的体块与材质营造了不同的功能和视觉效果，使得空间既通透，又有其功能分区的暗示与转折，具有很强的

3 设计：理想生活方式的开端

视觉冲击力。

　　这里的接待中心和餐厅也是多功能厅，摇身一变就能成为音乐酒吧和会议室。人是有亲水性的，而北方的院子通常干巴巴的，所以设计师将水的元素贯穿始终，在接待中心和餐厅的墙面及天花板上，都做了个性十足的水波纹金属板，在自然光和灯光的照射下熠熠生辉，投射出另一番幻境，整个空间充斥着丰富的、情绪化的简单元素。最纯粹质朴的事物才是最能打动人的，麻袋吊灯、裸露的水泥屋顶、棉麻布艺、再到肌理丰富的红砖，随着时间的变化，它们会生长出自己的生命痕迹，让空间变得更有人情味和吸引力。

　　净隐南山始于颜值，更注重内在品质。日式简约的室内风格，没有刻意为之的修饰和冗杂的元素，定制化的家具呈现出现代空间的精致感，室内黄泥涂料的自然挥洒，与后院私汤旁的黄土坡相互呼应……黄泥肌理墙面的泼墨效果，似远山也似海浪，这种似土坡黄泥的材质和不规则创意手法的细节设计，最终都会指向设计主题，以达到动人的戏剧效果。种种自

大隐于世·净隐南山可承载100人左右的线下活动

— 61 —

大隐于世·净隐南山私汤雪景

然材质的运用,看似粗糙,却不失品质感,一切都是顺应自然流动的结果。

这里5栋别墅的布局非常有讲究,一层是活动区,可以在大大的客厅里聊天、打牌、看电视,可以利用院子里的厨房做一桌好菜,还可以悠闲地步入别墅后院玩游戏、泡私汤,玩累了还能回屋到旁边的大床房里休息。别墅的二层则是专门的休息区,两间宽敞明亮的榻榻米房让空间更有弹性,其中2栋视野极好的房间做成了带浴缸的卧室,透过屋内大大的落地窗向外看,庭院内外的美景一览无余,躺在浴缸里仰望星空,别提多浪漫了。每一栋别墅都有一个露天阳台,可以无遮挡地享受远处山顶落日的视觉盛宴,坐在这里吹吹清风,喝杯清茶,蓝天白云、翠山绿荫,都可尽收眼底,享自然之美好。

住别墅、泡私汤,应该是冬天最幸福的事情了。这里每一栋别墅后院都有一个私密性极佳的汤池,而且每一个私汤形态各异,或方、或圆、或露天……在私汤外围也结合"水"的概念,用水晶砖搭建了一个造型时尚的空间,泡汤也更加私密。设计师将原有的三角形土坡山洞加固,顺势设计成山野的冥想空间,新生于旧,让自然、建筑与人之间达到共通和无界,简洁如斯,却又丰富于此。在雾气氤氲时,泡一次御水私汤,赏一幅美妙雪景。泡汤之味,自有体会。

设计之初设计师就想将净隐南山打造成为一个四季皆可游玩的休闲度假产品。北京的冬天很冷,能在寒冷的冬季泡上私汤就很幸福,和自己最亲密的人一起躺在私汤里,仰望冬日苍茫的天空。当夏季来临时,可以在不规则泳池里嬉戏游泳,坐露台上静静地欣赏这里的岁月静好。就这样,冬有私汤,夏有泳池,通过这样的产品设计,很好地抹平了淡季对民宿的影响。

此外,净隐南山还在庭院中精心设计了一个水下餐厅,在阳光晴好的午后,阳光通过水波折射进来,水下餐厅瞬间变成了光的海洋,可以一面欣赏水下波光粼粼的美景,一面同心爱的人度过一个悠闲的午后。年轻人一来到这儿,用相机拍得不亦乐乎。

除了这些新潮有趣的设计元素,净隐南山还保留了很多老物件。原先这里有两栋百年老宅年久失修已倒塌,设计师延续了原老宅的坡屋顶和梁架形式,用最纯粹的白色重新演绎。设计师把房屋大木梁保留了下来,手工切割后用于别墅墙面的装饰。那些曾经最不起眼的老木头、几十年前的旧报纸、院子里的石头……也都通过设计的手法,变成民宿的配饰,成为室内设计的一部分,再次呈现给我们最乡野的记忆。这些充满乡村气息物件的保留,不仅是对原有建筑的尊重,更是对传统文化的一种传承。

净隐南山用新与旧的碰撞、建筑与自然共融共存的方式,与现代人的生活方式有机结合,让人享受独一无二的度假体验。静谧的自然环境也给净隐南川增添了一份神秘感,在这样幽静美好的环境中融入独特的建筑风格,呈现一种恰到好处的生活状态。

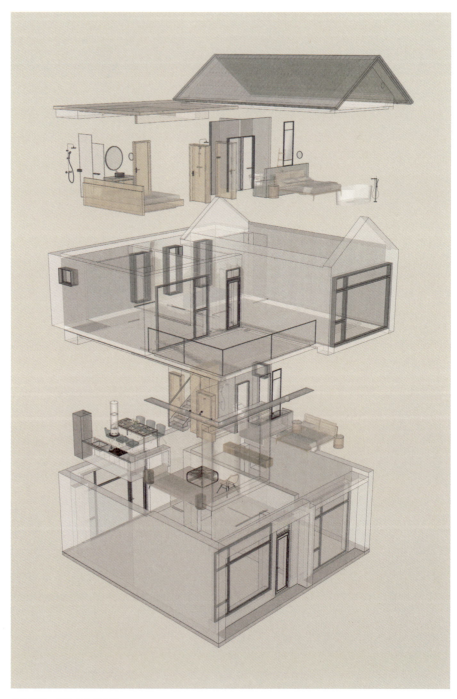

大隐于世·净隐南山设计图

4 施工

一砖一瓦构建理想空间

> 民宿建设如果是推倒重建的话，则需要给村、镇建设办提交详细的设计图纸，通过村里向镇建设办申请农村房屋建设。

"我们初创大隐于世时，民宿的施工建造我从头盯到尾，每天都是灰头土脸的，什么活我都会带着干。多贵的鞋子在工地走一圈出来都想扔，对不知名的粉尘过敏，脸上经常红红的、发烫，手术后三天就又开始转工地、看项目。每天回到家手腕疼、脚底疼，除了睡觉什么都不想干，也不再做指甲，因为擦多少护手霜手都不会白嫩。"

这是大隐于世老板娘刘佳在新项目筹备阶段，在朋友圈发的一段心里话。看到小伙伴们在大隐于世·净隐南山项目工地灰头土脸的样子，让刘佳想到了当年全程参与民宿筹建的自己，不禁感慨万千，所有的憧憬和向往将在不远的将来落地。

民宿的施工建造往往是最辛苦的阶段，而且，民宿主面临着太多无法预料的问题，稍不留神就会出差错，小则超预算，

大隐于世·净隐南山改造前

大则给后期运营"挖坑"。民宿的建筑改造、室内装修、室外景观园林等，每一个项目都很烧钱，而且，民宿多是非标准化施工，很难像房地产开发那样流程清晰、材料透明，偏远地区的材料运输成本非常高，施工的人工费用也非常高。所以，你会发现，一群人辛辛苦苦忙前忙后，花进去好几万，却看上去好像什么都没干。

的确，不懂行的人一定会花掉很多冤枉钱，民宿从设计图到施工落地，期间还有很长的路要走。在正式施工之前，要找一个靠谱的施工团队，有条件的话，最好请第三方施工监理全程跟进，因为施工工序复杂，可能有隐性工程，对于工地小白来说会有很多潜在的坑，好的第三方监理可以减少一定的风险。

另外，找一个好的建造施工团队是对民宿的再创造。一方面，施工队会尽量实现设计所需要呈现的工艺；另一方面，施工队也可以不完全拘泥于设计方案，能保持着一定的机动性，有些地方在施工过程中还可以被优化，甚至超越设计本身。作为民宿主，你要做好设计师－民宿主人－施工队三方的协调工作。

施工前

1. 找一支靠谱的施工队

在施工之前要做好充分的准备。首先，要确定好你的施工团队，并签订正式合同。在施工团队的选择上一般有两种方式：第一种是选用与设计师长期合作的施工团队或装修公司，最好是有资质的建筑公司；第二种则是另找专业的施工团队，设计师负责监工。

以上两种施工队均可，有设计师的全程跟进，施工上相对比较好磨合。不管选哪一种施工团队，室内装修是很注重细节和体验感的，这部分一定要找专业的团队。而室外景观则可以相对粗糙一点，可以找当地工人，也可以让村里的闲置劳动力参与，让村里人得到点好处，这样对民宿日后的经营也有积极的效果。

确定施工队之后，一定要正式签订合同，将相关施工工期、工程质量、材料的供应及质量要求、保修期限、争议处理、安全责任、工程造价结算等施工相关事宜，都在合同中进行约定，白纸黑字写清楚，避免日后不必要的纠纷。

2. 与设计师对接充分

施工队敲定后,要和设计师对接充分,协调好设计师和施工队之间的关系,让设计师将施工项目和所需工期连接起来,在图纸上清晰准确地标注清楚,这样,施工方可以清楚地知道在什么时间干什么活,干多久的活。

如果设计阶段的室内装修和室外景观是独立分开设计的,那么,需要两个设计部门一起规划,统筹项目施工情况。在项目施工之前,一定要让设计师把所有需要考虑到的问题和项目全部梳理考虑到位,因为任何一个没考虑到的施工项目,都可能成为你控制不住预算的突破口。

3. 合理安排施工计划

由于各地区自然环境的差异,对于施工也有很大的影响,有的区域雨水较多,有的民宿选址在景区中……因此,为了确保施工工期,施工期间的各个节点要控制好,从地基基础、砖砌体工程、混凝土工程、钢筋工程、水电工程、采暖工程、门窗工程、屋面工程、室内硬装软装工程,再到周边环境施工等,需合理安排施工计划,制定恰当的施工措施,合理调用施工机械及人员,灵活调配施工材料等。

要总体考虑项目施工,全面协作,减小施工干扰,加强各施工工序之间的衔接,提高施工效率,确保施工质量和进度。目的是确保民宿在科学的管理下,通过有效的预控,有组织、有计划地完成既定的各项指标。

4. 施工前做好准备工作

和施工团队敲定设计方案后就可以直接动工了吗?先别急,还有一些前置手续需要办理。在开工前,民宿主需要将设计方案拿到村里和镇里审批或备案。

大隐于世·冬奥小镇·6号院改造前后

4 施工：一砖一瓦构建理想空间

大隐于世·合宿施工中

如果是改建项目，理论上无须向村、镇申请审批，但是为了稳妥考虑，最好在村、镇建设办提交施工资料，做好项目备案。民宿建设如果是推倒重建的话，则需要给村、镇建设办提交详细的设计图纸，通过村里向镇建设办申请农村房屋建设。

村、镇两级建设办一般需要确认以下5个问题。

①是否一户一宅？

②建筑占地面积是否控制在140平方米/户？

③高度是否控制在合理范围内？（村里一般允许建3层楼，不超过7米）

④项目设计是否安全？

⑤项目施工建设是否取得了左右邻居的同意？

提交材料后，审批时间为一周左右，获得村、镇两级的同意建设确认书或审批书，方可开工建设。整个项目的进度与村里保持密切的联系和沟通，能帮助你顺利推进项目进展。

施工中

1. 盯紧施工进度

办完相关的前置手续后,即可开始施工。在施工期间,一切按预定的计划进行即可。根据项目管理要求,有效协调组织各专业工种之间的平衡,交叉流水作业,使整个项目保持最优的组合和工作效率。

除设计师和施工队的跟进配合外,作为民宿主,也需要随时跟进,盯着施工进度,一旦发现有延误的迹象,立即与设计师、施工队确认,找出延误的原因,及时解决,否则就会影响整个项目的进度和计划。

2. 施工质量不能马虎

民宿建设不仅要速度稳,更要品质优。民宿主也要盯住施工质量,在质量上不能马虎,重点是防水、防潮、水、电、排污和具体施工细节,避免后续施工中出现问题。一旦这些项目出了问题,后期的维护就会相当麻烦,既增加了成本,又浪费了运营时间,还会影响用户体验。

(1) 水电

假如将民宿比作一个人,房子就是骨骼,那么水电路就等于人体的血管和动脉,正因为它们的存在,才让民宿有生命力。在民宿经营过程中,

大隐于世·小白的院子

一旦水电出了问题，轻则不方便，重则破墙铲地、殃及邻里，甚至可能危及生命财产安全。所以水电建设自然也成了民宿建设工程的重中之重。

水电施工是隐蔽工程，为了节省预算，在水电材料上贪图便宜是非常不明智的选择。水和电在生活中的使用频率最高，所以即使价格贵一点，也要选择质量好一点的材料，毕竟这关系到未来的生活质量，因为贪图便宜导致生活不方便得不偿失。水电在施工中必须考虑周到，注重细节，才能避免安全隐患的出现，使顾客入住后感到舒适、放心。

在布线之前，请电工对所有的电线进行测试，看是否有断线的情况，以便及时更换，接线完成后再更换，费时费力。如果是电路改造，也要先查一下线路，虽然老房子里有很多插座、开关，但是一定要按照民宿预设的生活习惯进行改造，而且水电的位置要符合人体工程学，比如空调直吹对身体不好，那卧室空调就不要对着床。此外，电灯的开关不能放在门后面，而且最好是双控，这样开灯和关灯也会更方便。

走线可以让开关和插座分别安装在不同的水平线上，先把线管排好，然后再排线，线管要横竖排列，这样做既美观，同时也方便根据线路走向图找出开关和插座位置。如果有时间，民宿主应现场监督，标出尺寸，拍照留底，特别是有接头的地方要做好记录，便于出现问题维修时，不至于将墙或地板全凿开，同时，在进行其他改造和安装时，也可避免不慎损坏管道。

各电路应单独开槽走线，不得穿入一根管内，电线排布时要在强、弱电间隔15厘米以上，避免磁场干扰。当有强、弱电交叉时，需采用镀锌屏蔽管，起到屏蔽干扰的作用。在电线管转角时，控制其弯曲角度大于90°，这样做能减小助力，确保将来电线升级或者出现问题检修时，可以更方便地抽出替换。

水路改造也是大事，不容马虎，所用的管道、配件等都要保证质量，否则以后会造成安全隐患。为此，水道建议采用不锈钢水管，因为在许多水道改造施工过程中，原PPR管道拆除后，发现原管道内壁会出现大量生物黏泥，对水质产生二次污染。

而不锈钢材料是医疗卫生管道指定的使用材料，是公认的可植入人体、无致癌因素的健康材料，能有效抑制细菌滋生，远离水质二次污染，安装时无须再加任何机械处理,一次成型,无污染,无残留。此外,还具有良好的抗压性、抗震性、抗冻裂性、耐腐蚀性。

在民宿建设中,卫生间改造是非常重要的一个环节,良好的民宿卫生间环境不仅让民宿大气美观,还能为民宿生活带来许多便利。高品质的卫生间设计,不在于有多奢华,有时只是一些简单的调整,比如我们常说的干湿分离,就能有效提升居住品质。

现如今,卫生间干湿分离越来越被人们所接受,其重要原因之一在于它能保持干燥、卫生,使人们的生活更加方便、舒适。将洗手间里的淋浴房和其他湿润区域隔开,能大大减少卫生间的水汽扩散,让卫生间整体环境更加干净整洁,减少细菌滋生,也更容易清洁。同时,洗手间的干燥区和其他家具也得到了很好的保护,不会因为潮湿而发霉。洗手间做干湿分离时,下水管道应设三处,一处位于干燥区,一处位于湿区,另一处位于洗手间下水区。

水电改造完成后,要进行打压试验,检查水路是否有问题。通常时间为 30 分钟左右,压力表的表针下降幅度小于 0.1 就没有问题。墙面封槽必须保持平整,地面接头处不能高于地面 2 厘米,便于后续贴砖。

大隐于世·冬奥小镇·11 号院的洗手间

4 施工：一砖一瓦构建理想空间

大隐于世·冬奥小镇·6号院泳池

不管装修多么高档、花费多么巨大，渗水、漏水现象都会让想象中的美好瞬间变成泡影。厨房和卫生间一定要做好防水工作，涂料刷2~3遍，高度须达到1.8米，防水工程结束后要进行闭水试验，出现问题要及时解决。

（2）泳池

自带泳池的民宿可谓是自带流量，也最能吸引眼球，所以很多人会选择在院子里挖一个泳池，以便让整个夏天可以在清凉中度过。泳池与厨房、卫生间不同，泳池常年浸泡在水中，而且在蓄水、排水的过程中，结构会受力变形，并受到冷热交替的影响，故对防水的要求极高，在选用防水材料时很有讲究。

泳池防水层必须具备优异的耐水性、耐老化性和耐腐蚀性，还应具有较强的刚性兼柔性，以抵抗水压力冲击、基层变形开裂的影响，所以一般选择耐水性较好的溶剂型防水涂料。比如聚氨酯、聚脲等防水涂料涂膜坚韧、拉伸强度高、延伸性好，抗结构伸缩变形能力强，且耐腐蚀性优异，是适用于泳池的防水材料，民宿可以根据实际的需要选择。

正所谓"材料是基础，施工是关键"，明确了泳池的选材，下一步还要做好施工处理，特别是水管的根部、进水口、阴阳角等细部的节点，要重点加强。首先，要确保基层坚实、平整，无裂缝、起砂、明水。若基层有起砂现象，需要用加固剂进行基层处理（按1∶1的比例将加固剂与水搅拌均匀后，再涂于基层）。其次，要处理好节点，对水管根部、阴阳角等易发生漏水的节点部位采用"一布二涂"的方法进行加强处理，即先薄涂一层涂料，未固化前铺贴胎体增强布，再涂一遍防水涂料进行覆盖。

在大刮涂施工过程中，待细部附加层干燥成膜后，应采用薄涂法达到规定的厚度（一般为3遍），待上一次涂膜完全烘干后再进行下一次刮涂，刮涂方向与上一次涂膜方向垂直。聚氨酯防水涂层完全干燥之后要进行24小时闭水试验。闭水试验合格之后，即可进行后续施工。因为水池与泳池的水是直接与人体有亲密接触且时间较长的，所以在做水池、泳池防水时一定要选择安全、环保、无毒、无害的可靠防水品牌的产品。

（3）暖气

如果说泳池是加分项，那么冬天的暖气可就算是刚需了。窗外冷风瑟瑟，飘着雪花，空调制暖无效，室内室外一样冰冷刺骨，倒杯热茶几分钟就凉透，裹三层被子也无法暖和，晚上睡觉总是被冻醒……久而久之，冬季成为民宿产业的淡季，游客锐减，房间空置，甚至有很多没有取暖系统的民宿直接在冬季停止营业。但在有暖气的室内，尤其是在有地暖的房间，大家可以穿着T恤吃火锅，室外漫天飘雪，室内煮茶惬意，冬日的民宿也可以如此温馨。

当室内温度低于室外的空气温度时，为了维持室内所需要的温度，必须将相应的热量供给到室内。供暖系统由热源、输热管道、散热设备三部分组成。地暖的工作原理，可以理解为提升地面的温度形成热辐射面，通过热辐射面以辐射和对流的传热方式向室内供暖。

供暖主要采用水暖、电暖的方式。水暖是通过地面盘管，管道里有循环流动的热水，通过地板辐射层中的热媒，均匀加热整个地面，利用地面自身的蓄热和热量向上辐射的规律由下至上进行传导，从而实现供暖。电暖

4 施工：一砖一瓦构建理想空间

系统则是以发热电缆作为加热体，铺设在各种地面材料下，如地板、瓷砖、大理石等，与智能温度控制系统配合，最终达到供暖目的。

在北方多数地区，无论是民宿还是景区供暖，主要供暖形式还是以燃煤锅炉为主，不仅制热效果不好，而且冬季大量的燃煤还会对周围的环境卫生和空气环境造成污染，不利于民宿的长远发展。如果用纯电地暖的话，一个冬天烧下来也是很费电的，民宿的运营成本一下子就上去了。而在"煤改电"政策的推动下，空气源热泵以其优越的节能性能跃入人们视野，成为一代"网红"产品。

"这空气源热泵倒是挺实用的，效率高，成本也低，关键还没污染"。空气源热泵作为清洁能源供暖产品，设备在整个运行过程中，仅需要消耗少量电力便可实现高效制热，对比其他清洁能源设备而言，只要系统设计方案得当，运行成本是最低的，且有利于环境保护，而且，对于民宿经营者而言，空气源热泵的清洁、舒适、安全、智能采暖模式，可以让客人在冬季也住得舒心。

空气源热泵对安装的空间环境要求很高，设备的基础一定要做得牢固结实，且摆放和调整主机时要保证平稳。如果主机的安装存在不平的现象，会给设备排放冷凝水造成一定困难，一旦冷凝水排放不畅，在严寒气候下，接水盘势必会结冰，长时间积累会堵塞翅片进风，从而导致设备制热能力下降。除此之外，主机与底部的基础之间需要采取减震措施，连接主机的刚性管道应采用弹簧减震支架，避免管路将震动传递至建筑结构。

在实际的安装中，空气源热泵要有良好的制热性，要保证主机的通风良好，如果通风效果不好，设备的进风量就难以得到保证，气流也容易短路，设备的制热能力就会显著下降，

温暖的室内

严重时，会造成设备的频繁结霜与除霜，设备会做无用功。此外，还需要考虑主机设备的排水、防雨、防雪、防雷、维修空间等问题，如果这些细节问题没有考虑到位，会直接影响空气源热泵供暖系统的供暖效果和使用寿命。比如，最好选择侧出风的空气源热泵产品，安装时给设备安装底部支架，避免雨雪堆积等问题。

空气源热泵供暖系统的安装大致分为以下几步。

第1步：在安装主机之前，需要对安装现场进行勘察，通过勘察选择并确定主机的安装位置。

第2步：制作主机设备的基础，如果确定安装位置在地面上，可以采用水泥，水泥的厚度大约为15~20厘米。

第3步：摆放主机并调整机组的位置，确保主机摆放平稳。

第4步：连接水路系统，主要是主机与水箱之间的水泵、阀体、过滤器等部件的连接。

第5步：连接电路系统，主要是将电源线、水泵、电磁阀、水温传感器、压力开关等按接线图要求进行连接。

第6步：水路试压，检测管路连接有无漏水现象。

第7步：机器试运行，对系统的各项参数进行检查。

第8步：管道保温，如采用橡塑保温材料对水路系统进行保温。

3. 项目安全大过天

几乎每个工地上都会出现各种各样的安全标语，"聪明人把安全放在首位，糊涂者把安全置于脑后""安全来自长期警惕，事故源于瞬间麻痹"。不要觉得这些话又土又俗，重复本身就是一种力量。在民宿建设过程中，既要方便管理，又要保证施工质量、安全、进度、环保等要求，决不能顾此失彼。

建设中，要按照项目计划进行，不能随意增加任务，也不能缩短工期。如果缩短施工时间，有些工人便会想方设法地改变或简化正常的施工程序，不按安全规程的要求进行施工，容易造成事故。一旦发现工人"抢任务忽视安全"现象，应立即停止作业。因为如果一旦出现安全问题，那前面所有的准备就都功亏一篑了。

施工过程中，要在被允许的范围内施工作业，尽量避免扩大用地范围，合理安排施工顺序，最大限度地减少

4 施工：一砖一瓦构建理想空间

大隐于世·合宿施工中

对周围环境的影响；场地布置应遵循防火、防水、防盗的"三防"原则，设施齐全，布局合理，消除不安全因素；同时，施工现场应尽可能保持整洁有序，做到废水合理排放，并做好防尘、防噪措施。

与此同时，还应做好安全思想教育工作，使施工人员时刻绷紧"安全"这根弦，做好安全防护，安全管理人员要经常深入生产现场进行提醒和监督。如遇风雪、雨雾天气，作业难度将增加，遇恶劣天气，应严格按照安全规程的要求，暂停作业。

4. 配合物料采买

与此同时，民宿主要配合项目物料的采买等，施工队不管是半包还是全包，有些建筑物料是需要民宿主采买的，应提前跟设计师和施工队确认。在施工阶段，确保物料可以第一时间到位，保证施工进度，建筑材料和施工节点要相互匹配。

关于硬装设备的采购，一般多是厨房、卫生间等，建造施工进行到尾声的时候，即可联系厂家下单定制，及时安装。室内的定制家具、灯具等也要算好定制周期，及时进场安装。至于非定制类产品，建议在开业前半个月左右进行采购，统一规划时间。

有一些企业在采购设备时，非常关注品质，信奉"一分价钱一分货"，认为只要价格高的设备,品质就是好的,盲目追求高端产品,增大了投资风险。选择优质产品时,一定要量力而行,从做好经营管理的角度来说,既要反对单纯计较价格、重量轻质、因小失大的"个体户"思想,又要坚决抵制过度铺张浪费的"暴发户"心态。应在注重质量的基础上,把设备购置费控制在成本范围之内。

采购设备时要对价格有一个正确的心态,所谓货比三家,不仅仅是比价格,更重要的是比质量,买高质量的设备时也要精打细算。品质比价格更重要,高品质的设备能让民宿管理工作更有效率,消耗也会更少。尤其是民宿施工中的物料和硬装的部分,在选择原材料的材质和品牌时,一定要保证品质。

硬装要实现的使命是结实、耐用、环保、安全;而软装要实现的是风格、调性、颜值、个性。把民宿比做一个盒子,那么倒不出来的部分一定要多花点钱,初期的成本高、质量好,保证产品品质,后期的使用和维护成本就很低,会省却不少麻烦。

拿常见的马桶举个例子,一定要

大隐于世·冬奥小镇·9号院客厅

采买一线品牌，质量有所保证还倍有面子，会让人感觉民宿整体的品质都很高。假如因为图便宜买了个杂牌马桶，后期坏个十次八次产生的维修费用都赶得上买个新的一线品牌的马桶了，而且还浪费了很多时间和精力。假如客人来民宿，因为马桶堵了，导致心情不美丽，在平台上给民宿打个差评，会给民宿带来很大的负面影响。

5. 做好项目记录，准备经营所需

在项目施工阶段，民宿主除了跑工地、盯施工进展的同时，也需要做一些准备性的工作。比如，从施工开始每天拍照，记录民宿施工前、施工中、施工后的状态，完整地积累和保管。当昔日的老房子一天天变成了梦想中的模样，内心也会无比的自豪。

在这个阶段，你已经可以随时随地地宣传自己的民宿了，对外宣传推广开展得越早越好，让更多的人知道你的民宿。与此同时，民宿主可以着手准备经营所需的各类事项，搭建自己的团队，做好营业的准备工作。

施工后

1. 工程验收

施工终于结束了，也是时候查缺补漏了。工程验收是施工的最后一道工序，也是非常重要的一项工作。如果你全程跟进项目施工，你会很清楚哪些项目做得不到位，在验收时心中有数，很难被施工方给忽悠。

如果没有全程参与，在工程结束前，最好先来一轮竣工预验收，这样可以初步鉴定工程质量，避免竣工进程拖延，保证项目顺利投产使用。通过预验收，可及时发现遗留问题，事先予以返修、补修。

最后，在项目竣工验收之前，民宿主一定要组织各单位来一轮全面验收，勘察、设计、施工、监理等单位按照竣工验收程序，对工程进行全面检查，按设计图纸和合同要求，逐一对照，找出遗漏项目和待修补工作。

一般情况下，工程验收人员不应少于2人，检查不少于1次，重点工程和设有自动消防设施的工程检查不少于3次，对常见质量问题更要重点检查。针对验收中发现的问题，及时向施工队提出整改要求，并明确整改期限，让施工队尽快制订作业计划，对验收发现的问题逐条整改，力争工程问题在验收后全部解决，以保证民宿正常开业。

2. 软装采购

软装的物料采购要提前确定清

楚，施工结束退场后，软装马上跟进布置。民宿软装部分直接决定民宿整体风格、定位和档次。采购家具的时候，除了要考虑民宿整体风格之外，还要考虑家具的耐用度，对于使用频率较高的沙发、桌子、椅子等，一定要保证品质，避免华而不实。装饰部分则可以省点钱，花点心思，淘一些好看不贵的物件。

另外，还有一些主题类的布置，比如主打亲子的民宿，需要采购一些亲子活动类的玩具、设施和软饰；轰趴主题的民宿，需要采购一些桌球、棋牌、麻将等设施和软饰。这类物品的加入，能够让民宿主题更加突出，同时也承担一部分休闲娱乐功能，给客人一个把时间浪费在美好事物上的理由和方式。

总之，软装方面，使用频率高的，建议选择质量好的；使用频率较低的，可以选择价格适中的。如果定位不是非常高端的话，品牌商品就忽略吧，因为成本上会吃不消。控制不好成本，很容易陷入经营困难的境地。在物料采买过程中，一定要严控成本，追求性价比。成本控制是在各个环节都一

大隐于世·冬奥小镇别墅

直强调的,因为整体成本的支出,决定了民宿日后赚不赚钱。一般来讲,客房售价1000元的民宿,单房的投资预算控制在20万以内为宜,假如同样售价1000元的民宿,单房投资达到50万,只能说回本路漫漫,更别提赚大钱了。

3. 异味处理

伴随着中国进入"万元美金社会",人们的消费水平不断提高,对消费品的需求也不断提高,对居住环境的要求也越来越高。甲醛超标对人体健康的危害尽人皆知,当人们欢欣鼓舞地外出旅行时,如果一进门不是天然的气息,而是被甲醛刺激到,那心情和居住体验可想而知。因此,处理装修异味很关键。

虽然除去装修后的异味有很多方法,但是实际上最好的方法是,在装修时选择环保材料,比如环保家具、环保涂料等。民宿装修的复杂性不言而喻,但环保、安全是重点考虑的,为了避免后期产生异味,应避免使用会产生污染的材料,选材上应以无毒、环保材料为主,同时,尽量减少不必要的装修。

但再环保的装修,到完工的时候都会有异味问题。家里面装修完成之后也,会让房子"晾一晾",等气味散得差不多的时候,再搬进去住。对于民宿来说,除了保持良好的通风外,还需要找专业的除甲醛团队,在短时间内处理掉异味问题,在对外营业时,可以让来的客人有一个良好的居住环境,住得舒适,住得放心。

4. 开荒保洁

在整个装修建设过程中,有几个阶段需要进行开荒保洁。首先,在铺地板之前,就要把民宿的地面清扫一下;其次,在安装橱柜之前,厨房和卫生间的墙面要及时清理;最后,在所有硬装都完成后,进家具之前,一定要找一个正规的保洁公司,把民宿里里外外做一次整体开荒保洁,这样房间不会留下死角,每个区域都能清扫干净。

民宿管家在做开荒保洁

大隐于世·童忆·2号院

面对地面和墙面残留下的建筑垃圾及装修垃圾，遍布全屋各处的水泥印、乳胶印，油漆、水泥、胶水等顽固的污渍，都需要耐心地抠、铲、敲、剥，客厅、卧室、厨房……从里到外都不能落下，门缝、窗缝、墙角都不可以放过。

开荒保洁的顺序一般如下：由内往外→由上往下→由难到易。先柜子里面，再表面；先墙面、窗户等，后地面；将角落、柜子、窗户等比较难处理的地方先处理干净，然后再将桌面、地面等容易处理的地方放到最后。这样的保洁顺序可以避免反复打扫，节省体力。

保洁过后，玻璃应该无水痕、无手印、无污渍、光亮洁净；木地板无胶渍、洁净；墙砖和地砖无尘土、无漆点、无污渍。最后，就可以搬运各种家具、电器等入内了，完毕后再彻底打扫一遍。随后，人员进场，设备调试，铺上床垫、套上布草，很快就可以对外试营业了。

5. 办理营业证件

民宿需要办理的证件有营业执照、特种行业许可证、消防安全许可证、卫生许可证、税务登记证，如果涉及餐饮方面，还需要食品流通许可证、餐饮服务许可证等。不过，民宿作为特种行业，还要看当地的政策要求，涉及卫生、环保、消防、公安等方面，每个地方都有地方性政策，最好到当地市场监督管理局进行深入的了解。

在装修完成，随时可以试营业的时候，你就可以向当地工商部门申请办理营业执照了，并办理税务登记等证件。营业执照通过后，可再向相关职能部门办理消防备案及开业前消防安全检查、特种行业经营、餐饮服务许可证等。

其中，消防安全问题要提前处理好，主要是消防通道，防火材料使用情况等，事先一定要按照当地消防要求去做，以免日后返工装修。如果民宿规模不大，消防安全许可证办不下来，可以先按照农家院的标准办理。卫生上，主要考虑员工健康证是否具备，涉及餐饮的卫生解决办法；环保上，主要针对污水和垃圾的处理办法；安全上，主要考虑人员登记制度和报警制度是否解决。

随着技术的进步，政府各部门之间都相互联网，取得营业执照后，按照当地政府的要求，逐一办理相关手续即可，拿到这些证件，民宿就可以正式对外营业了。

乡村民宿手续怎么办？以浙江杭州的民宿开办为例，根据《关于进一步优化服务促进农村民宿产业规范发展的指导意见》，在杭州开民宿必须符合七大条件，包括经营用房、消防安全、治安安全、卫生安全、环境保护、食品安全和规范管理。

具体流程如下。

①提交申请。经营农村民宿的农户或经营主体，须向所在村级组织提出书面申请，并填报农村民宿申请表，经村级组织签署意见后提交乡镇（街道）。

②审核审定。由当地乡镇（街道）负责人签署初审意见后上报各区、县（市）主管部门，由主管部门牵头不定期召开部门协调会予以审核，审核同意后各部门按要求办理相关手续。也可以由相关部门单独审核直接办理相关手续。不符合条件的，一次性告知申请人。

③如果通过审核，就可以办理证照。营业执照先行办理，并办理税务登记等证件，根据验收通过的意见，由相关职能部门办理消防备案及开业前消防安全检查、特种行业经营、餐饮服务等许可证。

5 试营业
直面民宿运营的本质

大隐于世・冬奥小镇・9号院

新店开业是一件大事,代表着民宿事业又登上了一个新的征程,所以,在起步阶段,一定要调整好民宿的状态,让今后的生意可以顺顺利利,长长久久。做好开业前的准备工作,制定好开业计划,对民宿今后的发展有着十分重要的意义,对从事民宿经营的人员来说,这既是挑战,又是积累经验的过程。

在营业这件事情上,有的民宿主一直担心各方面没有做好充分准备,迟迟不能踏出关键一步;还有许多民宿一旦装修完毕,就迫不及待地直接开业,也不管入住是否舒适,人员培训是否到位,等等。

实际上,在正式开业前,需要彻底检视民宿是否具备经营能力,此时需要进行门店试运营,建议先做8~12天试营业。时间太短不易看出问题,时间太长也没有多大的意义。对于大部分民宿而言,周末是入住高峰期,试营业要包含1~2个周末。别看只多了一个"试"字,这是一个发现问题并解决问题的过程,为正式开业做好口碑、梳理流程等基础。

试营业一是试"市场",二是试"自己",是给店老板和顾客的一个适应期。新店刚开业时,房间是新的,店员是新的,顾客也是新的,因为经验不足或者对环境不熟悉,难免会出现一些摩擦,有一些做得没那么好的地方,可能出现的状况都是不可估量的。试营业是企业的一种经营方式,告诉顾客民宿刚开张,还在测试阶段,管理可能不周密、服务可能有欠缺、正在完善,有什么不满意,我们可以改进调整。

"干中学"不仅是经济学规律,更是经营之道。本事不是想出来的,问题你也无法完全预料,边干边学,自然会趋向于完美,重点是,你要勇敢地踏出那一步,自此开始实践。只要在民宿运营中解决的问题多且快,民宿的稳定,营收的增加,得到更多的市场与地位,那是自然而然的事。

但试营业绝不是在证件不全的情况下试着营业。按照规定,所有没有证照的"试营业"都应该按无照经营处理,不交税也都应该按偷税漏税处理。具体说,一个营业场所想要开门经营,无论是销售商品还是提供服务,都必须在证照齐全的情况下才能进行,没有第二种可能。

所以,一家民宿开业,即使是在"试营业"期间也必须证照齐全,在卫生、环保等方面都达到了要求才可

张海超和朋友们商议试营业

- 87 -

以开门迎客。试营业绝对不能触碰这个底线，一旦被举报或者被工商查出会没收经营所得，还有相应的罚款。万一开业3天，要你关门，多不吉利。因此，新店开业时，务必把证件准备好。

民宿开业前为什么要做试营业？就是让各个环节之间进行磨合，不管是住宿环节、服务，还是营销，在没有步入正轨的情况下，你直接开业，如果服务不周到，民宿体验过程中出现问题，就会赶走一大波尝鲜的顾客，如果把这波顾客得罪了，民宿的口碑就会变差。

试营业也是营业，千万不要觉得反正是试营业，正好趁此机会来练兵，这样想就大错特错了。只要是开门营业，顾客就会对你有所期待，建议在开业之前就进行民宿各方面测试，做好试营业之前的准备工作，比如，前期的宣传推广、预售方案、员工的招聘和培训、服务流程的确立、民宿的一些细节处理等，都需要落实到位。开店不打无把握之仗，尽可能给顾客留下一个良好的印象。通过试营业阶段，和客户面对面沟通，收集用户的反馈，不断调整优化，为日后的经营管理打下良好的基础。

宣传预热，为开业造势蓄力

开业是店铺首聚人气的第一次尝试，之前在施工阶段，就建议大家时不时播报民宿的进展，做一定的民宿宣传，为日后的运营打下基础。如今，开业在即，最好提前开始做宣传预热工作，让人们知道某某地方新开了一家特色民宿。在时间上，建议至少提前10天开始，如果太晚，会没有时间调整，很容易打个措手不及，而且客户很可能早就在你的活动时间做了其他安排。

在这个阶段，你可以邀请几位旅游大咖来体验，听一听业内人士的意见或建议，对民宿进行调整和改良。因为有时候，一个人的认知是有局限的，你或你的朋友在民宿住了多日、进行了多次测试都发现不了的问题，一位陌生的专业人士来一次就能发现问题所在。

大隐于世·净隐南山 KOL 宣传

试营业也需要进行适度宣传,通过宣传让潜在消费者知道该民宿的存在。你可以邀请一些当地的 KOL(关键意见领袖)来民宿探店,让他们实际住上几日,了解其店面、产品、店内环境以及服务特色等,进行深度体验测评,并让其以文字、图片、短视频等形式,在社交平台进行晒图分享,通过优质内容吸引用户,以此为开业造势蓄力。

人们倾向于模仿具有更好时尚品位的人,有影响力的 KOL 能够为民宿带来更多的人气,同时有助于吸引真正的潜在客源。提前做好宣传推广,把民宿的名气打出去,这对于后续的经营会很有帮助。

俗话说:"一个好汉三个帮。"发动熟人介绍,绝对是一件好法宝。对新开的门店来说,吸引第一批顾客,最有效的方法是促销活动和熟人介绍。毕竟,新客户对民宿缺乏相应的了解,难以建立信任,有一定的警惕性也很正常。但人们总是会被熟人"种草",朋友说好的东西,他也会觉得不错，熟人介绍就是最好的口碑传播，能够在消费者和民宿之间建立一座桥梁，更容易让人去尝试。

与此同时，还有一个很关键的角色——职业摄影师。尽管照相设备的性能越来越好，智能化程度越来越高，许多普通人也能拍出不错的照片，还有很多喜欢摄影的朋友愿意免费置换摄影，但是都很难达到想要的效果。民宿的第一组照片绝对不能随便拍，专业和业余之间的差距非常大，一定要找专业人士来做专业的事情，这项费用不能省。

你可以想象一下，一个客人在选择民宿时，他筛选民宿的标准是什么？面对订房App上成千上万家民宿，他留给一家民宿的时间只有短短几秒，如何在有限的时间内快速打动客人的心，图片至关重要。很多民宿的装修、观景都很不错，但是却输给了照片，有些民宿的实景看上去一般，但就是凭借一张非常有氛围的图片，获得了消费者的青睐，可以说，照片的好坏直接影响后期的销量。

尽管民宿大多是在比较美的地方，民宿本身也属于美的场景，想拍出一些美的照片还是比较容易的。但是民宿拍摄并不只是简单地拿着大广角镜头，把房间拍得非常大，而是要多场景、多变化，用镜头的语言来表

大隐于世·鲁西西的院子

达民宿之美。

在挑选摄影师的时候，民宿主一定要看他之前的作品。挑一个专业摄影师，找一个好天气，来给民宿拍一组漂亮的照片。拍摄之前，应把民宿里里外外收拾得干净整洁，拍摄过程中，最好派个人跟着，看摄影师有什么需求就尽量配合。用一天时间，把外景、内景、细节、夜景等，都清晰地用画面记录下来。

优秀的摄影师，能给平淡的房子增添许多美感。拍摄完成后，可以和摄影师一起挑选一些好看的照片，然后给摄影师一些时间做后期处理。拿到精修照片后，就可以上线OTA（在线旅行社）的平台，在此类平台上进行在线销售。同时，民宿主也要着手准备一份完整的关于民宿的文案，配上好看的照片，就是民宿官方的正式宣传资料。

同时，试营业也是预热开业的好机会，试营业期间，可在店内做一些开业倒计时、新店开业特惠等，进一步地扩大宣传面。而且在试营业期间，如果消费者认可你的产品和服务，很有可能成为民宿开业时的传播者。试营业的目标不是获得多少消费额，而在于给人留下好印象，赢得回头客。试营业期间争取来的客户，是直接有效的一批顾客，只要你的民宿让他们满意，他们就可能是你的第一批回头客，而且他们也更愿意分享给身边的人。

试营业期间的宣传预热，并不一定要招揽大量的人来消费，就像热身一样，不能一进到田径场就疯狂地跑，而是要借此机会舒展筋骨，搞通营业过程中的关键环节，精进自己的业务。

做好服务，让客人有"归家"的感觉

民宿作为一种非标准、个性化的住宿行业，也属于第三产业服务业，其服务质量直接影响到客人的入住体验。服务是一种无形的商品输出，服务应该能够为客人提供方便，能够使客人感到满意和尊敬。做好服务永远不会过时，为客人提供个性化服务也可以成为民宿的卖点。

在宣传预热取得一定的效果后，吸引了一批顾客到店，此时，民宿能否给顾客带来良好的第一印象，就变得至关重要。由于顾客选择到你的民宿体验，对他来说已经是个挑战，假如服务不能跟上，不能让顾客满意，那么，他下次就很难再来，不仅影响口碑，还会错过很多回头客。

服务业的基础在人。不能打无准备之仗，在开业前半个月，民宿主就可以开始寻找合适的人了，在对服务人员的选择上，尽量找当地人。因为民宿本身就具有很强的在地属性，当地居民更了解民宿周围的风土人情，选择这样的人来做管家，能提供更有特色的服务，无疑是一件好事。

寻找本地居民从事民宿服务有很多好处，但也有一个不足，那就是他们往往没有民宿服务行业的经验。因为服务人员的观念、素质、能力各不相同，会造成服务上的差异，所以招聘到合适的人，对他们进行全方位的培训，就显得尤为重要。民宿主一定要把民宿的相关事宜讲解清楚，提高员工的服务意识，做到有接待、有服务、有体验。服务人员是接触顾客最多的人，只有他们做好了，民宿才能经营得越来越好。有些事情不交代清楚，得罪了客人，可能会对口碑造成不可逆的伤害。

试营业期间，顾客盈门，让人应接不暇，但此时切不可因忙乱而忘了服务，越是这样，服务态度就要越好，这样才能凸显民宿的体验，让顾客觉得来这里是一个非常不错的选择。为此，前期对店内员工的培训十分重要，在整个服务过程中，都要对服务员进行上岗培训，包括服务流程、服务态度、服务速度等。此外，还要让新员工跟新民宿进行一定的相处磨合，让服务者熟悉民宿的概念和客房环境，了解周边的吃喝玩乐资源，方便为顾客提供优质的服务。

试营业期间民宿主要做好现场管理，门店员工如何配置，现场如何布置，如何实地处置突发事件，这些都需要做预案工作。面对试营业期间可

做好服务，让客人有"归家"的感觉

能会遇到的突发事件，民宿主可以提前带着团队对可能出现的意外情况进行模拟演练，以备不时之需。

如果刚开业就遇到问题，也要冷静处理，千万不要自乱阵脚，自己的服务跟不上，打乱仗，会进一步给客人造成不良印象。面对客人的时候，要贯彻现场主义，仔细观察现场的情况，发现并解决问题。用双眼仔细观察现场情况，用耳朵去倾听顾客的心声，用心去接近他们。硬件不足服务补，高质量的服务可以弥补民宿硬件上的不足。做好服务，让客人满意，民宿才能有机会挣到更多的钱。

试营业是给你犯错和纠错的机会，根据试营业期间发现的问题，门店要及时进行整改，解决问题，提升管理服务水平。通过试营业与消费者接触，走完整个民宿服务的流程，你可以更加深刻地把握其中的关键环节，以及在经营过程中应考虑的核心要素，为你日后的民宿运营做准备。

收集反馈，优化民宿运营

你听说过互联网巨头腾讯的"10/100/1000法则"吗？腾讯的产品经理每个月必须做10个用户调查，关注100个用户博客，收集1000个用户的反馈。而花费大量的人力物力去做这件事，就是为了更好地了解用户的使用习惯，研究用户的需求，从而更好地为用户服务，为用户提供更好用、更简单的设计和产品。

其实，民宿主也是民宿当仁不让的产品经理。试营业期间是最容易暴露问题的时间段，而试营业的目的，就是最大化地听取消费者的建议，以最快速度提升民宿的产品和服务。

民宿主也可以借此机会，坐下来和民宿的客人聊聊天，交流一下入住感受。同时，还可以邀请亲朋好友、关键人物、周边商家等，谈谈他们的建议，比如，对环境的满意度如何？对服务的满意度如何？入住体验好不好？

在试营业过程中，至少要与50个以上的顾客交流，最好能够做到1对1的沟通。重点是让顾客跟你说真心话，对民宿的产品、服务、环境、

大隐于世试营业期间,创始人张海超和客人 1 对 1 交谈

价格等,他们的真实想法是什么?对于积极给予反馈、提出建议的客人,为了表示感谢,民宿主还可以准备一些小礼物,最好是民宿周边有纪念意义的伴手礼,小小的礼物,就能让顾客对你的印象更加深刻。

试营业的一个主要原因,就是看市场和顾客对民宿是否满意,了解他们到店消费的原因,到底是什么吸引了他们,有没有什么不满意的地方,以及哪些需要改进,并根据一些顾客的意见做出合理改进。但同时,你也要懂得众口难调,必须分清意见是否具有参考价值,是否实际可行,采纳大多数人的意见即可,不必样样服从顾客,也不要样样自我感觉良好,样样不听。

获得第一手的真实反馈,为后面的实际开业活动和运营做好准备的同时,还要进行有效的观察。看看来店的客人究竟属于哪个群体,他们的年龄、性别、职业、家庭结构大概是什么。这能帮助民宿主了解你的用户画像是什么,民宿最受什么样的人群喜爱,有一定的了解后,有助于后期做针对性的市场推广。

一些有心的民宿主还会将顾客的问题一一汇总,并给出相应的解决办法。对后续的改进,也会在朋友圈中实时更新,有些还会将这些写到文章中,发表到公众号上展示民宿态度。如此用心,客户自然会感觉到。

新院预售，打开市场

在做好宣传预热、顾客服务和反馈收集的同时，也要重点推广民宿的预售策略。做预售是进入市场的初次探索，用较高性价比的开业活动为民宿吸引客流，这样能给第一批消费者一些实实在在的优惠，也能够很好地测试市场的反应，观察民宿的受欢迎程度，提前了解民宿产品的销售情况。

最关键的是，通过预售，民宿可以在短时间内快速回笼现金流。

无论民宿处于何种阶段，手头至少要有3个月的现金流。资金流就像水库里的水，能够灌溉农田，让企业健康发展下去，但是如果水库平时没有水，农田遭受旱灾，怎么挺过去？企业要未雨绸缪，像水库蓄水一样，为未来做好准备。只有这样，你才能安心，否则，你会特别担心现金流断裂。

为了吸引顾客积极参与门店的试营业预售，民宿可以在试营业期间，推出一系列主题活动来激发顾客的购买行为。主题活动的设计必须具有新颖性和吸引力，这样才能吊起顾客胃口，激发顾客参与的积极性。民宿管理者可以将民宿的预售活动设计打印出来，张贴在前台、客房内，或培训管家，口头告知顾客。

在预售策略上，切忌过度降价促销，过度降价促销后，一旦恢复到原来的价格，就很难在短期内恢复元气，一定要适度，否则得不偿失。而且在预售的有效时间和可用时间上，应遵循分散原则，避免顾客集中在一段时间内消费，给民宿的运营带来压力。

大隐于世·净隐南山新院预售活动海报

当你在做预售计划的时候，可以和周边其他景区、餐厅等联合起来，通过异业合作的方式，一站式解决顾客的吃、住、行。几家商家联合推出促销，浩大的声势会让人蠢蠢欲动，激起人们强烈的消费欲望，这样一来可以壮大声势，增加人群关注度。而且，这样做可以降低自身成本，起到事半功倍的效果。多家商家联合促销的效果，单靠一家店是无法达到的，这种活动只要运作良好，就会让民宿的生意更加红火。

气味与细节卫生

"欢欢喜喜地预订了自己最喜欢的民宿，而带着家人朋友入住的那天才发现，房间里弥漫着一种刺鼻的味道。躺在树荫下乘凉，欣赏着荷塘月色的时候，还得一直挠痒痒……"

房间的气味和细节卫生，是新店最容易出现的问题，尽可能在开业前，把这些问题处理好。最好的办法是从一开始装修的时候就使用环保材料，保持良好的通风，找专业的去甲醛队伍去除异味，这样下来，房间里的味道基本上就没问题了。

但是为了确保客人住得放心，可以在开业之前，请专业的检测机构来检测一下室内的甲醛浓度，如检测不合格，需进一步进行甲醛治理，如检测合格，可放心让客人入住。还可向客人出示检测证书，同时，还应给予客人一定的温馨提示，毕竟是刚装修好的民宿，保证室内空气达标，但并不意味着一点味道都没有，一定要和客人说清楚，以免入住后产生不愉快。

夏季是大多数民宿的旺季，但同时也是蚊虫活动最多的季节。由于民宿多位于乡间、山野、水边等地，水草丰茂，草木茂盛，虽然风景与生态都很好，但在这样的自然环境下却容易滋生大量的虫蝇。在城市中生活惯了的人们，突然来到宁静优雅的民宿，躺在自然的怀抱里，享受良辰美景的同时，却总是受到蚊虫的侵扰，这样的体验感恐怕不太好。

民宿防蚊虫虽没有一招制敌的好办法，但作为民宿方也要尽力做到最好。整体而言,要做到防患于未然+综合治理。而且,防大于治,比如在选址时要远离臭水沟、垃圾场、菜场、禽畜场等容易滋生蚊虫的地方,否则,很难有好的办法对付这些"敌人"。正如我们经常说的:选择比努力更重要。

可是,自然环境使然,如何做好蚊虫的消灭工作呢?它不但关系到民宿客人的健康和安全,而且也关系到他们的体验感,特别是在夏季,消杀必须成为民宿管理者的一项重要工作。可以根据有害生物的繁殖周期、季节和环境,灵活制定消杀工作,比如每个月做一次消杀,到了夏季,则可以加大频率,每个月做2~3次杀蚊蝇工作,每季度再进行一次害虫检测,这样,基本上就不会有有害生物影响民宿经营的问题。

许多民宿为了营造氛围,会给院子添加一些水的元素,比如泳池、嬉水池等,让院子多几分生机与活力。但水也最容易成为蚊子的温床,特别是不流动的死水,蚊子喜欢在水面上产卵繁殖。想要健康漂亮的水景,一定要注意水循环,定期清理水系污垢,也可以在里面养一些生命力强、适合生存的小鱼(比如大肚鱼、孔雀鱼、锦鲤鱼等),它们以蚊子的幼虫为食,能及时捕食蚊子的幼虫孑孓,从源头斩草除根。

大隐于世·净隐南山客厅,均使用环保材料

大隐于世·净隐南山泳池，定期清理，保持清洁卫生

院落及周边环境的整洁也很重要，整洁的环境不仅美观，而且不利于蚊虫藏匿，定期打扫可以很好地减少周围蚊虫的数量。对于垃圾，要做好分类处理，及时清运或在垃圾桶上盖上盖子，避免吸引蝇虫。同时，在房前屋后、门前窗下适当种植一些驱蚊的植物，如薰衣草、迷迭香、万寿菊、百里香、薄荷、天竺葵、九层塔等，既美观，又有一些驱蚊效果。

对于民宿的房门、窗户，一定要装上纱网，进出时关好门窗，切断蚊子的活动通道，避免蚊子进入房间。房间里还可以配上电蚊拍，及一些无味无污染的驱蚊水、清凉油、花露水等，有备无患。在客人入住之前，民宿的工作人员可以提前在客人入住前再检查一遍，关好门窗，提前打开空调，低温也会让蚊虫望而却步。

民宿做好这些工作的同时，也可以明确给客人一些温馨提示，告知客人这些蚊虫也是自然的一部分，让客人来民宿住的时候，要做好与蚊虫相处的思想准备，毕竟，鱼与熊掌不可兼得。特别是到了晚上，一定要叮嘱客人关好门窗，如果客人在户外烧烤就餐，吃完最好能简单收拾一下，把残羹饭菜倒进垃圾桶并盖上盖子，以免招引蚊虫。

来民宿，不仅是追求室内的温馨与雅致，更期待环境带给你新的生活方式，在初次相遇的那一刻，便有一种触及心跳的感动。愿客人在民宿里，多一些良辰美景，少一些蚊虫打扰，自由自在地享受生活。

干中学

"因上努力,果上随缘"。做民宿就像建房子一样,一定是先打地基再盖楼,楼越高地基就得打得越深,民宿主要做好盖高楼大厦的相应准备,在开始筹划时要未雨绸缪,坚持做对的事情,结果交由客人来评判,市场不会辜负用心做事的人。

试营业就是一个打地基的过程,可以借此机会跑通整个运营过程,让产品、团队、客人之间得到很好的磨合。与此同时,试营业还有助于发现民宿的主要消费者群体,服务的客群受欢迎程度,顾客满意度,店面管理水平等。试营业期结束后,应对其进行一次综合评价,对其在试营业期间表现出的优势和不足逐一分析,针对出现的问题进一步调整优化,为今后的经营提供经验积累和借鉴。通过在试营业阶段对消费者数据的分析和团队的磨合之后,就可以正式进入运营阶段了。

至此,这本书的内容已经讲解了三分之一,相信你的民宿事业也从地基上拔地而起,正式走向了运营阶段。开业的准备、宣传、服务、销售等这几大板块的内容都是民宿运营过程中的重要组成部分,本章仅仅是一个小小的奠基,让你在试营业阶段先接触一下,试试看,接下来的几章内容,就来详细聊一聊这几大板块的内容。在此之前,我想强调一些看似鸡汤,实则很重要的内容。

很多人说:"为什么听了这么多道理,却依然过不好这一生?"但这并不代表这些道理说得不对,有很多前人的真知灼见,让人听了之后恍然大悟,但是最后什么也没改变,那是因为听来的这些道理没有办法成为你的一部分。道理是一些人走了很远的路才悟出来讲给你听的,你需要有相应的环境和挑战,才能获得与这些道理相匹配的经验。

"实践重于知识",也是生活中的一个重要原则。换句话说,"知"不等于"会"。千万不要以为只要"知"就"会",两者之间还有一条鸿沟,只有在实践中反复练习才能逐步掌握其中的要领。在干中学,是通往成功的不二法门,要让这些道理不断地重复,把道理和你的行为相结合,内化成你的行动。

既然在岸上学不会游泳，不如根据前人的经验跳进水里，用手和脚比画一会儿再说。不在现场挥汗哪能学到什么经营管理，成就伟大事业的智慧都是从经验的积累中获得的，亲身经历的体验才是最宝贵的财富。试营业阶段正好创造了这样的环境和挑战，你从一开始就要"身在，心在，知道，做到"。然后在开业之后，也要反复不断的练习，让那些道理成为你的一部分。

陈海贤老师曾经说过："经验是很特别的，它有三层含义。第一层，是我们所经历的事情，它通常是客观的。第二层，是我们身在其中的体验。它包含了认识、感受、行为、反馈等一系列的认知和情绪。有些经验被用语言概括成了道理，更多的经验则沉淀成了当事人不可言说的思考、判断和技能——因为经历得多了，你自然就会了。这是第三种经验。经验和道理有什么不同呢？道理可以是别人走过的路，而经验是你亲自走的路。对于经验，你只有身在其中，才能真的获得。"

书中讲的这些道理都是我们的经验之谈，就像我们走过一条路，会在路上留下一些路牌，做一些明确的标记。它告诉你哪里有路，哪里有坑，哪里有风景。但这些道理代替不了你的经验，别人走的路，也代替不了你走的路，就像路牌不能代替路本身一样。愿你，一直在路上，在干的过程中不断精进，总结出自己的经验。

大隐于世·冬奥小镇·嗨巢

6 团队
企业最重要的资本

常言道：一人行速，众人行远。不管一位民宿主自己如何努力，如何精力充沛，一个人所能做的事情毕竟是有限的。即使那些自认为很好，可以为人所不能为的人，如果你让他把所有民宿日常经营的工作内容都写在纸上，他会发现一个人真正可以做的事情真的很微不足道。

民宿正式营业后，民宿运营还是要依靠团队，作为民宿主，一个很重要的职责就是做好"人"的管理。"人力资源"这个词非常好，人力是一种资源，但很多人看到员工就想到成本。事实上，当你以人为成本时，就总想扣绩效，节约成本；当你把人当成资源的时候，就能实现更多的价值。民宿主需要转换自己的思维模式来评估"人"，你要知道，人是企业最重要的"资本"，抓住"人"这一重要资源，才能打造出优秀的民宿。

民宿作为服务业，牵一发而动全身，从一线服务人员到管家、经理，没有"无关紧要"的职位，每个岗位都是关键人物。那怎样才能建立一个好的团队呢？招聘什么样的人做好民宿服务？如何让一线的小伙伴懂得并执行好民宿的理念？为此，我挑几个特别有感触的点来跟你分享。

团队搭建

民宿管理者是一个店的领头羊，领头羊往哪里跑，羊群就往哪跑。当一名管理者从一个人冲锋陷阵，到带领大家冲锋陷阵，更多的是需要运筹帷幄、指挥若定和凝聚人心的能力。管理者不仅要经常与人沟通协调资源，还需要管理培养团队成员，促成团队目标的达成。

一个管理者，如果有创新的能力，有赚钱的能力，但是如果没有建立团队和领导团队的能力，那么也很难做成什么大事。因为不会带人的管理者，永远只是一个人的战斗。术业有专攻，不同的人，适合不同的工作，用对了人，就会事半功倍。

对一家民宿而言，管理者要建立一支爱岗敬业的团队，不仅需要销售、品牌等职能团队，更需要前台、管家、清洁等服务团队，如果要将民宿打造成长期的品牌，建议客房数量与服务员数量按一定比例进行配置。

就拿大隐于世·冬奥小镇项目来说，该项目共有19个院落，民宿客房比数据如下图所示：1个前台负责8个小院的接待，1个管家负责3个小院的日常服务，1个保洁人员负责1个小院清洁卫生，1个餐饮人负责8个小院的餐饮情况。这是我们经过多年的实际经营得出的人房配比，这样既能保证小院的正常销售，又能保证来人或咨询有人接待，保证客人饮食服务，能够有效地保证项目的正常运转。

那这些岗位分别是负责什么的呢？咱们一个个说。首先，前台负责客人的电话预约服务、问询服务、入住登记服务、引领服务、团队入住服务、结账与收银、赔偿管理、客人延迟退房服务等。保洁，只需要负责客

民宿人房比数据

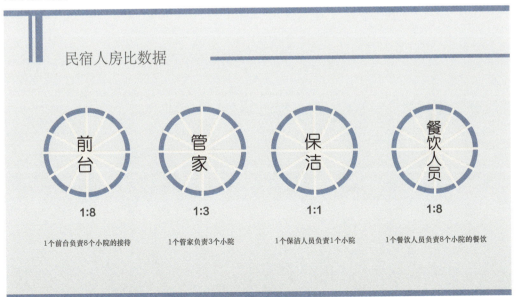

房设备管理、布草和客用品管理、摆件管理、客房保洁服务等。餐饮人员则负责厨房和自助餐厅的管理和清扫、厨房菜品储存、厨房设备管理、客人餐食制作。

而管家,一方面要对客人负责,另一方面也要对民宿负责。对客人,要做好准备工作,迎接客人,引领入院,奉欢迎茶,讲解入住的注意事项,下午茶及配送,早餐服务,催退服务,离店问候。对客房,则需要负责对客房设备的检查,清洁服务人员的督导检查等。

民宿的发展离不开优质的服务,而优质的服务离不开人的努力。在团队搭建过程中,如果你的民宿地处乡村,针对管家、保洁、前台等服务人员,建议优先选择民宿附近的村民。第一,可以带动村民就业,消化剩余劳动力,解决农民就业问题;第二,村民在家门口就能找到一份合适的工作,会极其珍惜这个机会,因为这能让他们照顾家庭的同时又多一份收入,如果民宿里有一些突发情况,他们也能第一时间响应;第三,让村民参与到民宿项目中来,能够很好地融入一些在地文化,因为在这片土地上土生土长的人,对这片土地有着极大的热爱,通过工作人员的热情传递,能让客人深刻体会到独特的属地文化。

特别是民宿管家,是连接民宿与客人的重要桥梁。最初的民宿,许多

大隐于世 · 冬奥小镇管家

都是民宿主亲自经营打理的，客人对于民宿的体验感受与主人的主观服务意识紧密相连，民宿主的个性也被融入了民宿的品牌文化当中，这也就是众所周知的"老板娘文化"。民宿发展到今天，已逐步演变为一种有温度的"管家文化"。

民宿管家需要1对1、24小时为到访的客人提供服务，以满足客人从预订到离店期间的需求。需要明确的是，民宿管家的"有温度"体现在除了有专业服务之外，还要有饱含人情味的个性化服务。管家不需要机械式、仆人式地对客人进行服务，管家个人的喜好、性格特点都可以成为这个管家的特色，管家可以是热情似火的奇女子，也可以是细心体贴的暖男，更可以是开朗豪爽的邻家大哥、大姐，这些看似"不正式"的管家，往往会给客人带来更加真实的入住体验。

另外，要注意的一点是，在团队搭建中，可以有短板，但不能有缺板。有短板的木桶无非少装点水，但缺板的木桶则装不了水。管理者要静下心来评估自己的团队，在关键岗位上是否还缺合适的人，提前做好人力储备，以保证关键时刻不掉链子。

会经营人力资源的人，一定会一板多用。正如足球教练一样，他们会根据每个球员的技术水平，以及对手的特点来安排他们在不同的位置上踢球。有的球员只在一个位置上打得好，有的球员可以在多个位置上打得好，球队内部需要有能踢多个位置的球员，关键时刻可以相互补位，以应对人员变动带来的临时挑战。优秀的教练，在有选择的情况下，一定不会过度依赖一套阵容去踢球，会经常在不同位置测试不同球员的表现，这样在真正临场时他手里就拥有更多的选择。

作为民宿管理者也是如此，找对人才刚刚开始，还应该多侧面了解团队中的每个人，不能只按职位来分配一个人，要考虑挖掘这个人多方面的能力，将这些能力结合起来，成为解决问题的资源。当民宿发展壮大时，管理者还应该了解核心团队成员的各个方面，创造性地利用和激活人才。一个人活成一个团队很累，一个团队活成百搭团队却很开心，这就是团队建设的奥秘，不仅节省了人力成本，也创造了人力资源。

寻找自燃型的员工

自然中的物质有三种类型：①点火能燃烧的可燃物质；②点火也不能燃烧的不燃物质；③靠自己就能燃烧的自燃型物质。人类也是一样，有些人在没有任何周围督促的情况下，自己就能积极地投入到工作当中；有的人看起来没有斗志，但一旦给了他动力，就能做得很好；而另一些人则是冷漠、麻木的，即使给予他足够的能量，也无法调动他的积极性。

建立团队时，我们欢迎自燃型的人，因为自燃型的人不仅可以自我驱动，而且他们的能量也可以与周围的人分享。他们富有能动性和积极性，在收到吩咐之前，就能主动行动，成为众人的模范。同时，在组织中不欢迎不燃型的人，因为他们自己冷若冰霜不说，有时还会夺走周围人的热量。

那么，如何才能找到自燃型的人呢？最好最有效的办法就是"看他是否喜欢这份工作"。"喜欢"是一个人最大的动力，无论什么工作，只要喜欢就想全力以赴把它做成，在此过程中会产生成就感和自信心，会渴望挑战新的目标，也会更加喜欢自己的工作。在这样的工作状态之下，再辛苦也不觉得累，反而乐在其中。

那是不是一个员工只要喜欢这份工作，有自我驱动力就行啦？当然不是，招聘员工是一个双向选择的过程，一定要选对人。在民宿工作，从某种意义上说，不仅需要硬技能，更需要软技能。奈飞公司作为全球流媒体巨头，在招聘时经常说的一句话就是"只招成年人"。"成年人"的意思不是说年龄满18周岁，而是指他们不用被人盯着，就能驱使自己达到更高的目标。

招聘的目的并不是寻找具备合适经验的人，而是要寻找具备良好服务态度的人，与其费力地让员工慢慢地

冬至大家一起包饺子吃

大隐于世·净隐南山管家热情地送别客人

融入环境,不如选择那些直接能适应民宿工作氛围的人。民宿招人,讲究的就是短、平、快,招来就能工作,工作就能出业绩,这是团队搭建的最理想效果。

有的人可能会说:你们对招进来的员工定期培训不行吗?从理论上说是可以的,但前提是这个人有良好的服务意识,否则,对于民宿和管理者来说,培训的成本太高了。管理者能管理员工的服务和销售流程,却无法管理员工对顾客服务的情感投入。有时候,由于一些主观或客观因素,会导致一些人的服务意识较差,在这种情况下,单纯的监督和引导是无法完全解决问题的,所以,管理者要尽量从一开始就掌握好人力资源,寻找到志同道合的人。那要找什么样的人,才能带出想要的团队呢?

首先,要选择那些愿意付出的员工。服务是一项长期的工作,心甘情愿地付出,才能"和善待人",这是服务者的基本素质。服务者在服务客人的时候,永远都要充当奉献的一方。

喜欢占便宜，只看眼前的人，永远无法适应服务文化。

其次，要选择那些积极乐观的员工。根据观察，那些整天笑嘻嘻、没什么脾气的快乐者，最适合在民宿里担任管家或销售。即使在遇到挫折和困难时，他们也能乐观地看待一切，调整好自己的心态，对于营造整个店内的服务氛围也是大有裨益的。要知道，顾客从你这里获得的并不仅仅是一间民宿，还有住民宿期间的独特经历。

最后，良好的服务需要员工的创新，而不仅仅是被动地接受工作。所以，选择那些愿意积极地自我反思，不断精进的人。例如，大隐于世经常要求管家和销售员对日常工作进行复盘，哪些地方做得好，受到了客人的赞赏，哪些地方做得不好，如果再次遇到此类问题，要如何解决，等等。

一个人只有积极地从实践中学习，才能不断地积累和提升，这种积累和提升还可以转化为民宿的进步。

对于人才挑选这一方面，总结起来，就是需要挑选那些责任心，有感情，有态度，有效率的人，选择这样的人才进入民宿，是管理者的重要职责。"为工作在所不辞"的心态、对工作抱有巨大热情，而且技能优秀，这三种特质叠加在一起，是让客户对民宿满意的最有效招数。

我们招聘来的人，不但要有一颗赤诚的心，还要有足够的能力，这样我们才能把工作做得出色，带来极大的满足感。此时，如何对团队进行管理，如何让新人迅速融入新的环境，如何让新人更好地完成工作，就成了民宿管理者最大的课题。

培训，让员工成为专家

军队是走在管理最前端的组织。数据显示，在世界500强企业中，有三分之一的企业已经引进了军事管理理念，包括著名的沃尔玛、麦当劳、可口可乐等。公司要向军队学些什么？管理顾问、前皇家空军飞行员罗里·安德伍德认为，军队之所以做事高效，是因为他们重视培训，安德伍德所在的军队90%的时间都会用来培训。同时，他认为培训不仅是让员工更好地完成本职工作,而且还要培养员工面向未来的工作能力,培养员工的发展眼光,从而使他们在遇到困难时能够提前做好准备。

而且,罗里·安德伍德认为,高绩效的团队并不一定由优秀的人才组成,而是需要团队成员共同努力,高效地工作。所以,企业要想创造良好的业绩,就必须为员工营造一种有利于团队合作的文化和环境,从而打造出一个具有团队合作精神的高绩效团队。对于企业来说,要积极培养员工面向未来的工作能力,而不能等着员工自己成长,这样,企业才能够持续健康发展。

聘人看态度,技能靠培训。如今,也有越来越多的企业开始重视培训,许多公司在招聘到合适的人员后,都会安排集中培训,一起学习公司的制度、企业文化、发展愿景,等等。这样的安排,可以使员工在做事时目标一致,相互配合,从而提高团队的工作效率。

"培训、教育并不断地巩固效果,这才是追求卓越的唯一途径",这句话在商业环境下不断被证实。与一般

大隐于世团队在冬奥小镇·亢院培训

的企业相比，那些肯在员工培训上下真功夫的企业的服务质量要高许多。在以优秀服务著称的企业中，每位员工自入职到离开，都要定期接受相关的培训，通过宣传册、电子邮件、课程、研讨会以及假期活动等形式，将专业技能循序渐进地教给员工。这种不间断的培训，让企业中的成员步调一致，不仅保证了服务的质量，也将企业的服务质量维持在一个稳定的水平之上。

优秀的民宿主也要向员工传递自己公司的企业文化和价值观。企业的价值观是衡量员工思想的重要标准，提倡什么精神，抨击什么丑行，需要为员工提供一个明确的思想准则。同时，有必要对每一位在民宿工作的员工进行培训，使他们了解企业运作的各个方面：从企业的使命到经营理念，从企业所提供的所有产品和服务到商业模式，全都不能遗漏。只有当员工对企业和产品的信息能够信手拈来，他们才能够通过电话、电脑或面对面地与客户进行交流，促进公司的稳健发展。

树立健康向上的企业文化，统一价值取向，明确行为标准，用企业文化规范员工的思想和行为，是打造一个优秀团队的前提。

业务技能要熟练

服务标准

社会是个金字塔结构，每个行业都注定有很多"基层员工"，尤其是服务业，民宿里的一些工作，比如，房间如何打扫，物品如何摆放，客人如何接待，等等。虽说没有太多的技术含金量，但是能否做好就很关键了，毕竟这些细节的体现直接决定了民宿档次，把基础的事情做好，是做民宿的底线。

因此，民宿主要制定相关的流程规范，让大家有章可循，形成标准化的操作流程，再定期对员工进行培训。由于模糊不清、宏大的内容无法迅速应用到实际工作中，很难产生实际工作效果，因此，培训内容要尽可能具

6 团队：企业最重要的资本

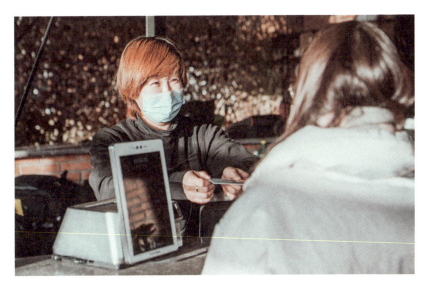

管家在为客人办理入住登记

体，可量化，可执行，可检验，围绕"立标准，建规则，树正气，带状态"的内容进行培训。

举几个简单的例子。

①已入住房间开发票，要放在客账内并在房单处做备注，不允许放在台面上。

②易耗品剩余 1/3 时，要及时通知当班经理出库。

③开门服务时，记得核对客人身份证后四位。

④审客账时，要认真调账、补遗漏、签字。

⑤使用敬语，"请"字开头，"谢"字结尾，不允许说"不知道"，客人在提出何种奇怪的需求及要求时，要平静对待，不允许变更语音语调。

⑥电话用语要标准，听不清时不允许说"喂"，询问时说"您好"。

再比如，2020 年十一黄金周期间，大隐于世的民宿主明确提出了 8 项要求。

第一，在微信群或与客人面对面沟通时，要轻声细语或在文字上显示出低姿态的客气语气，切记不要强硬。

第二，任何员工遇到权限以外或低频率出现的需求，绝对不要说"不可以、不行"等否定词语，可以说"您的需求我需要跟管理者汇报一下，稍后回复您"。

第三，客人入住前客气地提醒客

人入住和离店时间，以防上一拨客人退房过晚，下一波客人无法按时入住。

第四，提前询问客人次日大概的到店时间，安排好停车位以及入住时间，因为十一假期，客房全满，所以请客人理解并配合关于停车位以及房间打扫相关事宜，做到提前告知。

第五，如果十一期间有客人投诉，一定要第一时间回应客人，耐心地听完所有抱怨和投诉内容，不要打断，不要反驳，告诉客人已清楚诉求内容，请稍等上报后给予回复，之后将信息完完整整地汇报给管理者，一起协商解决方案。

第六，疫情防控和身份证登记严格执行，提前告知客人，让其有心理准备。如果遇到前台多波客人重叠，可以按照先来后到的顺序请客人到休息区坐下，喝点水、吃点水果，耐心等待，合理安排和安抚客人。

第七，检查好房间里的家居设备，尤其是桌椅板凳这种常用的设备是否有螺丝松动的安全隐患，一定要排查好！

第八，管家引领客人入院的时候，一定要提示安全问题，比如小心家具磕碰，小心不要奔跑摔伤一类。

卫生标准

除服务标准外，卫生标准也都必须符合要求，例如，房间的清洁程度，物品的摆放方式，枕头的摆放方式，

服务人员在熟练的做卫生

等等，这些都要标准化，并对一线员工进行培训。不仅要告诉他们怎么做是对的，怎么做是错的，还要告诉他们这么做的原因，因为懂得了为什么这样操作，才能更好地执行下去。

比如，在进行室内保洁工作时，要遵循由上而下、由内而外的基本原则，以避免交叉污染，提高工作效率。①从上到下：就室内整体而言，先清洁天花板，然后四壁，再地面；就局部而言，如清扫楼梯、墙壁等，均应从上而下。②从里到外：就房间而言，清洁时由内向外，可以避免清洁人员在工作过程中产生的新污染，也可以避免疏忽。对于一个民宿来说，应先清洁各个单独的房间，然后再清洁公共区域。

在每日清洁的基础上，还要有周期性的保洁，按一定的周期，将那些不必每天清洁或因在每天清洁中不彻底、不易做到的项目统一进行大清洁。例如，天花板、墙壁、照明灯具和某些门窗的清扫等项目。尤其在节假日前或有参观接待任务前，进行一次大规模清洁也是很有必要的，效果立竿见影，可以让民宿卫生的状态焕然一新。而且，通过清洁保养，还可以延缓物业装饰物表面自然老化及人为磨损，延长物业再装修翻新的周期，既经济又能保持物业美观，营造一个舒适、整洁、明亮的居住环境。

培训员工时，现场演示也很重要，你必须让员工看到什么叫标准，让他们相信你能做到，他们也能做到。训练过程中也要调动他们的积极性，理论和实操还是有很大差别的，训练现场要多做几次模拟练习，让员工互相监督，培训者及时发现和指导可能出现的问题。

完成培训不代表员工就能掌握，在民宿的经营过程中，民宿主还要经常地监督、检查、考核员工，以保证培训的效果。民宿的营运水平是做出来的，但要通过检查来保持，因为，人们很少做你期望他做的事情，但一定会做你要检查的事情。

通常我们会通过三级检查，来看执行是否到位。一是员工自查；二是管家逐项检查，可对照检查表进行；三是民宿主抽查，对主要部位、易出问题的部位或强调过的部位重点检查。民宿卫生细节较多，要求严格，完全依靠检查会增大管理的成本，所以要注重培养员工的责任意识和自我管理意识，对卫生工作长期无差错的员工给予卫生免检荣誉，或给予口头表扬及一定的物质奖励。

知识技能

除基本卫生标准培训外,还应培训员工的知识技能。例如,对于民宿管家来说,不仅要礼貌地接待客人,还要充分了解民宿的特色、亮点、背后的故事、周边景点、周边特色美食,等等。常言道:知识就是力量。也许有人对这句话不以为然,但掌握足够的信息和知识,能够让员工在处理问题的时候更加顺畅。这些信息除了管家自己摸索外,我们也要定期进行培训,让员工了解有关民宿的更多信息,当客人问起时,能及时解答客人的问题。如下图所示,大隐于世针对民宿周边的景区,专门制作了导览图。

现实生活中,你可能会以和善的态度来吸引顾客光顾,但如果民宿经营者的专业技能不熟练,无法让顾客满意,也很有可能会失去这位顾客。去旅游时,我遇到过许多态度和蔼但业务能力不足的员工,碰到一些小事情,明明可以当场解决,但因为业务

大隐于世·净隐南山周边景区导览图

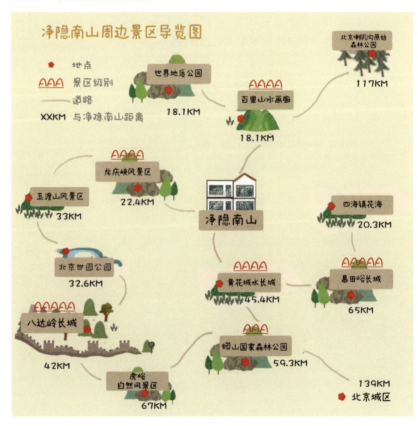

大隐于世·富春山居周边景区导览图

不熟练,需要向多方请示,最后即使解决了也耽搁了很长时间,这种体验感一点也不好。

也有一种情况是,缺乏专业经验的人常常答非所问,以不准确或不真实的信息来回答和敷衍客户。但是专业人士在服务顾客时从不拖泥带水,一个受过专业技能训练、能及时满足顾客需求的人,处理事情就会有所不同。因此,培训必须注重专业知识与技能的培训,对员工进行高质量的培训,最终将为客户带来愉快的体验。

例如,大隐于世民宿的发展也离不开各位员工的努力,礼貌的接待、耐心的解答、整洁的院落、干净的被褥,等等,都是每个在这里工作的员工的劳动成果。在开始的时候,他们中的许多人并不会做这些工作,我们通过不断的培训和指导,使他们不断学习和成长,这也是公司可以持续发展的核心所在。

提升员工认知

2021年大隐于世民宿管家风采大会

每一期的培训,实际上都是整合员工思想的过程。刚开始培训的时候,很多人可能是一副不以为然的样子,在他们看来,我们对民宿卫生、服务等方面的要求或许有些苛刻,他们会说:"我们平时的生活就是这样,不也过得好好的嘛。"

有一次,大隐于世民宿主去民宿检查,发现厨房的木铲已经被熏黑了,仍然在给客人使用,民宿主对管家说:"这样的铲子已经黑了,不能再给客人用了,尽快去库房领一个新铲子来换上。"管家答道:"这不影响使用吧?我们家的铲子比这还严重,还在用着呢。"其实,这也怪不得管家,在他看来,这是在为公司着想,为公司省钱,但实际上,这样不仅省不了多少钱,反倒会给客人带来不好的体验。

类似的事情在民宿里时有发生,因为在他们看来这么做就是对的,他们可能没见识过优秀的民宿是怎么做的。所以,大隐于世还会定期组织游学,带着员工到其他优秀的品牌民宿考察,到星级酒店参观学习,让他们意识到差距,知道"外面的世界很精彩,我们必须要学会严格要求自己"。只有带员工走出去,扩展视野,提升认知,才能更好地提高能力,才能带出一个真正优秀的团队。

大隐于世经过几次游学发现，公司带着员工走出去看看，他们会特别感激，也会非常珍惜这样的机会，他们也会主动留意游学过程中与自己相关的事情。比如，我们的管家会非常留意优秀民宿的待人处事方式，我们的保洁会留意到他们的窗户擦得锃亮，床铺得非常平整，等等，员工之间还会相互交流学习，每个人都有满满的收获。之后，他们确实把在外面看的所见、所听、所闻融入自己的工作当中，有了显而易见的提升。

我们不仅可以走出去，还可以让别人走进来。大隐于世每年都会组织分享会，邀请同行业的人一起来交流。民宿是旅行中的另一种幸福，在民宿里能与志同道合的朋友分享彼此的故事和经验，这是民宿给予我们的温暖。每一次好的分享，都是一次深度的学习，短短的沟通交流，彼此都能受到很多启发。与此同时，通过分享会的形式，不仅给大家带来一些经验分享，也锻炼了大隐于世自己的团队。拥有一个强大的团队，可以支撑民宿走得更远、更好。

人是企业最重要的资产

人与人之间想维持长久的关系，靠的是共性和吸引，而不是压迫、捆绑、奉承和一味的付出，以及道德式的自我感动。依靠共性、吸引、爱和共赢，来搭建团队的领导者，是带队的高手，是一个店的灵魂，是大家的领头羊。

给员工一个"家"

自古以来，最能触动中国人神经的就是"家"，所有的人对"家"都是最忠诚、用心的。民宿主除了要挑选合适的员工，定期培训让他们成长之外，还要为自己的员工提供服务，从工作、生活和感情上，让员工有归属感，对公司有认同感。

我们民宿行业招人，很多都是直接在当地招募，会有很多基层员工，由于种种原因，这些人也许很难享受到幸福感、成就感，我们要做的就是用亲情和温情打动他们。这样,员工会更愿意把心放在顾客身上,真心实意地为公司做事。

大隐于世的老板娘刘佳总是会说:"团队里的每一个人都是公司最宝贵的资产,我们都是一家人。"夏天,她会为管家买防晒霜,冬天,会为大家买保暖手套,在不忙的时候,她还会带着一群人去民宿体验,让平日里服务的人们,也享受到优质的服务,在大隐于世工作的人都能感受到关爱。大隐于世的团队之间,大家彼此亲切地称对方为"家人",每一个员工都把这里当成自己的家,在这样的团队氛围中工作,干起事来也都很有热情。

给予员工肯定和支持

马斯洛夫需求层次理论认为,每一个人都有被尊重的需要,仅仅满足温饱和关爱是不够的,还需要尊重员工,给予他们一定的肯定和授权,让员工觉得有面子。要使员工精力充沛,作为一名上司必须不断地对员工进行鼓励,得到重视的他们会全心全意地为民宿付出,形成一定的正反馈。

美国著名的成功学大师戴尔·卡耐基曾经把一张集体合影照片发给参加拍照的人,问他们:"你会先看谁?"大部分人的答案都是:先看自己。所有人都在关注自己,时时刻刻地关注自己,人们也总是把最好的那个赞美词留给自己。假如你能真诚地给予关怀,发现员工的优点,给予适当的赞扬,那将是很大的收获。

偶尔的一句关心,一句问候,都

大隐于世团队聚餐

能让员工心中暖洋洋的，就像一杯茶，越品越有滋味。曾经店里有一个小姑娘来做管家，那段时间天天满房，每天都要接待好几波客人，工作很辛苦，晚上客人提出什么需求，也需要尽可能满足，但她的情绪一直很高。邻居都认为她一定有很高的工资或奖金，所以才那么兴奋，其实不然。有人问她原因，她说："我们老板特别好。"原来，老板每次见到她时总是和她聊上几句，临走还拍拍她的肩膀，跟她说一些暖心的话。

聊上几句、拍拍肩膀竟然能让一个姑娘保持那么好的精神状态，其中之微妙难以言传，管理的艺术性在此得到很好的体现。在现实工作中，管理者针对不同的员工要做到"个性化管理"，也要注意管理对象的差异性，对不同类型的员工采取灵活措施，以激励员工不断进取，最大限度地调动员工的积极性、发挥团队协作的巨大能量。比如，对有家庭生活困难的员工给予适当的物质帮助，对思想有高度觉悟的员工给予充分信任和尊重，都会收到事半功倍的效果。

我始终相信，生活是现实的，但人情是温暖的，情感是最大的推动力，能激发人们行动的意愿。我们能做的，就是真正读懂我的伙伴们，并给予他们更多的关心和爱护。

让员工的大脑起作用

人是企业最重要的资产，一个人的脑袋是最值钱的。经营民宿，除了要有规范化的运营体系之外，还要提供有差异化、有温度的服务，这也正是民宿区别于酒店的一点，这些有温度的服务掌握在每一个员工的手里，我们雇用的不仅仅是员工的双手，还有员工的脑袋。因为一个人的大脑是最有创造力的，能解决流程和制度不能解决的问题。

怎样才能服务好客人？就是要善用这些在现场的普通员工，多发挥他们的才能。要让员工的大脑起作用，做法很简单，授权，给他们做决定的权力。比如，我们可以授权给基层员工一定的权力：无论什么原因，只要员工愿意，都可以给客人一点小礼物等。为此，大隐于世还专门设计制作了一些行李牌、车挂香薰、日历、雨伞等文创产品，将文化融入产品，让远道而来的客人，能留下一个独特的伴手礼。

"知屋漏者在宇下，知政失者在朝野"。客人从进店到离店，接触最多的就是管家，一线员工的服务直接决定了客人的满意度。比如大隐于世·净隐南山会免费为客人提供下午茶，下午茶拼盘里有一些好吃的茶点，如果客人喜欢可以直接跟管家说，再补充一些供客人享用。试想一下，如果因为客人想加一点糖果、瓜子，管家都需要向上级请示的话，那整个服务周期就会拉长，即便最后满足了客人的需求，服务效果也会大打折扣。

如果客人对你民宿的服务不满意还要通过民宿主来解决，那么这个解决问题的过程本身又会增加顾客的不满意度。一线员工是跟客人直接接触的，能够第一时间捕捉到民宿和客人的信息，可以给予他们一定的权力，遇到问题时他们能够及时做一些处理应对。

著名的管理大师德鲁克认为：企业的员工是否是管理者并不取决于他是否管理别人，所有坚持自己的目标和标准，进行决策，并且对组织做出贡献的员工，实际上都在行使管理者的职责。显然，在管理体系中，每一个基层服务员都是一个"管理者"，对服务品质起到关键的影响，对公司至关重要，久而久之，民宿就具备了不可复制的核心竞争力。

对于民宿来说，任何业绩都不是白捡的。管理者不只是业务高手，他还应该引导整个店内的员工团结成一个整齐的团队。有时候，上下级的关系可能很难处理。为了解决这一矛盾，最重要的就是让普通员工也能够参与决策前的分析和讨论，通过让渡部分知情权的方式获得员工的支持。团队的力量是强大的，每个人都有自己的优势，让员工参与到一些能激发他们思考的事情中来，碰撞出一些意想不到的想法。

民宿主作为管理者，需要制定好管理制度，给员工指明方向和方法，使他们的热情和潜质得到充分发挥。优秀的团队给予管理者信心，好管理者给好团队赋能，有了一流的团队，才有信心去挑战高的业绩目标。

大隐于世员工主动在圣诞节为客人送礼物

张海超为优秀员工发红包

以激励为主,监控为辅

好的管理一定是以激励为主,监控为辅,这样才能让大部分员工感觉到自己是被信任的,人一旦被信任,就会"士为知己者死",管理就会事半功倍。若以监督为主,激励为辅,员工会觉得被忽视,士气自然低落。

管理是实践的艺术,用对方式能够改变员工对待工作的态度。单就激励来说,包括正激励和负激励两种。正激励主要是采取目标激励、薪酬及晋升等方式,是让员工感受到好的执行能带来丰厚的回报。而负激励是采取绩效考核、末位淘汰、制度设计惩罚等方式,让员工产生畏惧,了解执行不力的代价。

在大隐于世有明确的晋升通道,大隐于世·冬奥小镇的万丽坤,之前只是公司的一个保洁,但她经手的院子都打理维护得很好,不久就晋升为民宿管家;大隐于世·富春山居的刘晓静扎根酒店餐饮行业多年,从管家到项目经理只用了3个月的时间,业务能力超强的她,将团队带领得井然有序,创下了诸多佳绩。对于优秀的员工,大隐于世也会给予一定的物质奖励。

一个优秀的民宿,既能用专业的技能培训养人,也能用合理的薪酬体系留人,针对工作业绩出色的员工,要通过正激励让他们得到奖励和尊敬。除此之外,针对某个特定而具体的问题,也可以搭成一个临时的战斗小组去攻克难关,设置一个"挺身而出奖",奖励那些在遇到问题时,跳出来解决问题的人。

民宿主作为企业管理者,不仅需要高度的热情,更需要明确的方法。通过制度流程的设计,让人员有章可循,通过培训辅导,让人员知道执行的方法。通过激励和惩罚,让人员有执行的态度。通过正反两方面的激励,引导员工朝着高执行力的方向发展,就会告别过去推一推、转一转的情况,由要我干变成我要干。

帮助员工一起成长

团队并非仅仅是一群人的集合,而是领导者和成员、成员和成员紧密联系在一起,大家朝着共同目标奋斗的一种状态。管理者也不是一个只会发号施令的人,而是能够和团队成员共享目标,与大家同甘共苦,并站在最前沿引领大家冲锋陷阵,能够帮助团队成员一起成长、获得成就的人。

无论你的民宿规模有多大,企业的声誉都是靠每位员工忠实可靠的服务一点点构建起来的。因此,我在前面花了大量篇幅告诉大家要雇用合适的员工,还强调要为他们提供充足的培训、不断对其技能进行更新和升级,并要在此过程中对他们进行测评,以确保培训效果。

然而,让服务质量一如既往地保持在高水准上,还需要每一位员工的共同努力。所以,管理者还有一个很重要的工作,就是帮助员工成长,挖掘员工的潜能为公司创造更多的价值。管理者要像养孩子一样,教会员工工作技能、工作习惯,并激发员工

团队成员一起成长

的信心，帮助他们挑战目标。

首先，要让他们的目标计划达成，完成基础的日常工作，总结下来主要是下面4步。

①要根据员工不同特点，作出指导计划，尤其要明确标准、责任人和时间。

②要做好奖罚机制，组织好员工，使得他们具有被指导的愿望和激情。

③分配工作，具体到个人，不要怀疑员工的能力和主动性，不要前怕狼后怕虎。

④对工作效果进行监督指导，帮助员工完成个人目标。

其次，管理者要通过给自己赋能的方式，给员工赋能。极少数人是先相信再做到，绝大部分人是先看到再相信自己能做到。作为管理者，如果能做出让普通人觉得了不起的成绩，而且员工亲眼看着你带领大家挑战完成了不可能的目标，那么他们就会意识到他们自己也可以挑战难度更大的目标。没有信心就没有执行力，无论如何，管理者要先专注于突破一个点，让团队对你有信心，只有见证了奇迹，才能激发普通人的野心。

如果大家觉得你成功了是因为你不是普通人，那么就培养一个普通人让他成功。给鸡汤不如给方法，给方法不如给示范。大隐于世的管理者基本上是用一对一的指导方法，去打造团队中最优秀的业务员，将之变成超级员工，树立起完成目标的标杆。先树立一个示范，带出核心员工，打破他们的思维定式，从而激发普通员工的创造力。用三流人才打造一流团队，是企业管理工作的发展潮流，毕竟，民宿企业需要更多坚守岗位、踏实工作的劳动模范。

管理方法多种多样，管理对象复杂多变，因此管理者必须努力学习新知识，持续改进、不断创新，管理工作才能做到真正应付自如、游刃有余。在这个过程中，希望你自己也能有成就感，并获得自我成长和自我实现的满足感。

最后，附上大隐于世民宿岗位的职责和标准化操作流程，供大家参考。

附：大隐于世岗位标准化操作流程
— 前台 —

电话预约服务标准

· 三声之内接听预订电话，使用标准服务用语，如：您好！大隐于世，请问有什么可以帮到您？

· 询问客人，预订信息（客人姓名、到店时间、人数、电话）。

· 挂机后查看预订记录，确认信息后给予客人回复。（遇法定节假日或特殊客户需对接营销中心）

· 与客户重复确认预订信息的准确性。

· 接到携程网预订电话，需与网页确认客人姓名、到店时间、人数、有无特殊要求及房间保留时间，确认后回传或系统确认即可。

问询服务标准

· 前台服务员应了解所有服务项目、营业时间、民宿周边环境、设施等，以随时准确地应答客人问询。

· 前台服务员接受问询时要严格执行保密制度，不能随意将客人的房号、姓名及部门高管人员手机号告诉电话问询或来访问询的陌生人员。

· 客户电话或来场问询需做好一站式服务，不得以任何理由拒绝，对不清楚的问题，咨询相关工作人员，3分钟后清晰回复给客户。

· 每日22：00前，与餐饮部上报次日早餐用餐人数。

入住登记服务标准

· 微笑问好："您好，欢迎光临。请问有什么可以帮您的吗？"

· 确认客人入住客房信息后，礼貌地请客人出示入住人员的有效证件。

· 按照客人入住客房数的相应比例收取足额押金及房费，并为客人开具押金收据。

· 将客房钥匙双手递送给客人，并表示："您好，您的房间钥匙，请收好。"

· 祝客人入住愉快，介绍管家送客人回房间。

· 通知赠送欢迎下午茶，记录通知时间和受理人姓名。

结账与收银

· 当客人抵达前台要求退房时，前台服务员负责与餐厅确认消费情况，同时要求客房服务员进行查房。

· 前台服务员依据餐厅消费单向客人出示消费明细，收取费用。（如遇客房床品、布草等赔偿问题，经理或前台负责人与客户沟通赔偿事宜）

·收取房间钥匙、押金条、扣除索赔费用后，结账退还押金。

·当班经理依据客房服务员上报客户损坏物品信息后，第一时间到达现场，了解始末与损坏情况，并确定赔偿方式。

·前台服务员依据赔偿价目表，进行对客协调赔偿处理。

·如客户对赔偿表示疑问、拒绝赔偿，前台第一时间上报当班经理。

一 管家 一

准备工作

·客人入住当天 08：00~11：00。

·熬制绿豆汤/冰糖雪梨汁，倒入凉杯，放置冰箱内冷藏。

·室内擦尘、室外规整。

·准备欢迎卡片及伴手礼。

·整理个人仪容仪表。

迎接工作

·在客人预计到店时间前 20 分钟，至接待中心，等待客人。

·"请问，您是今天预订大隐于世·冬奥小镇·1 号院的刘x刘女士吗？"确认是该院子入住客人后，微笑问好："刘女士，您好！欢迎光临大隐于世·冬奥小镇·1 号院，我是小院管家xx。"

引领入院

·确认客人后引领客人进入院子，与客人进行简单聊天，和客人讲解一下院子内的设施设备。

·安顿好客人之后礼貌离开。（话术："您稍事休息，看一下除了刚刚为您介绍的使用情况以外，还有什么不明白或者需要的，两个小时后会为您送来下午茶，然后统一帮您解决问题。"）

下午茶安排

·准备下午茶的物品及摆盘。

·话术："刘女士，您好！下午茶时间到了……"

"您都打算去哪里玩啊，需要我为您介绍一下周边好吃的、好玩的地方吗？"

"想问一下，咱们这边明天早餐几点开餐，我好看一下几点来为您准备早餐！"

"需要我为您拍一张全家福吗？"

"愿您在这里度过一段愉快的时光,您看一下还需要什么,可以随时与我联系。"

早餐安排

· 做好早餐摆在餐桌上。

· "早上好,先生/女士,昨晚睡得可还好?""早餐已准备好,祝您用餐愉快!"

离店

· "您好,昨晚休息得怎么样?您这边针对咱们小院的服务、卫生、设施设备有什么意见和建议吗?我们好不断改进,不断进步。"

· "您好,这边房间已经检查完毕了,押金会在您退房后2个小时内退还给您的!感谢您在众多京郊民宿中选择我们,祝您生活愉快,再见!"

— 保洁 —

布草、客用品管理

· 客房保洁员每天应对自己管辖的房间客用物品进行清点、检查,对有需要维修或检查退房时丢失现象要及时上报。

· 对于每日正常客房保洁中所产生的物料消耗,保洁员应根据住客实际消耗量详细记录在客房表上,一次性易耗品、棉制品、商品可根据每套客房工作间的储备量进行补充。

· 客房内工作间所有备用棉制品、一次性易耗品等,保洁员要每日检查是否有变色、发霉、数量差异等情况,发现问题应及时上报,并根据实际情况进行补充或赔偿。

· 保洁员工作时间内,除工作必备的用具和物耗外,不允许携带任何与工作无关的个人物品进入工作区域,下班后杜绝携带客房客用物品。

· 在客人退房后,保洁员查房时客人遗留在房间内所有物品,上报后经与前台确认后是否需保留,由前台人员负责填写客人遗留物品明细表。

客房摆件管理

· 客房摆件损坏赔偿,由经理对接采购部进行定价。

客房保洁服务管理

· 净房保洁服务标准。

每周一,由客房主管依据上周入住情况,对未使用过的房间进行基础除尘保洁工作。

要求每周五下班前，对净房全部清理完毕，保障假日房源。

· 客房保洁前准备工作

保洁员需准备标准的清洁用品：保洁工具箱、抹布、杯布、胶皮手套、杯刷、马桶刷、洁厕灵及洗衣粉各1小矿泉水瓶、尘推把、水桶、扫帚、簸箕。

院落民宿内卧室保洁顺序需依照如此顺序进行：垃圾清理，杯具清理至洗漱台，撤换床单、被罩、枕套，淋浴间清理，卫生间清理，洗漱台杯具清洗、清理，卧室物品归位，门窗、饰品、家具等抹尘保洁，检查开启照明灯、电视、空调，卧室地面保洁，关闭开启电源设备等。

· 房间保洁做床服务标准。

完毕后要检查整理，使整个床面平整、挺括、美观。

— 餐饮人员 —

餐厅服务前准备工作

· 服务员需在规定时间内提前10分钟到岗，主管安排布置工作任务并检查员工仪容仪表。

· 早班服务员负责餐厅内环境卫生的清洁工作，桌椅、桌面器皿、地面、室内温度及气味、设备、水温、菜单应保持整齐、干净、无破损，并符合物品定位标准。

· 主管完成区域检查工作，并保证客人用餐的顺利。

厨房区域

· 负责厨房、地面。

· 负责粗加工间、热菜灶台。

· 负责面点间、洗碗间。

· 负责保鲜库、冷库、地面。

· 负责下水道、排烟管道、操作台。

餐饮服务

· 预定需提前1天预订，食品的烹饪时间为2~3小时。

· 由专人引导就餐位置。

7

OTA运营让民宿业绩爆发式增长

民宿这个行业日渐成熟，情怀无法持续指引行业的发展，商业的本质正在回归。它标志着该行业逐步进入新的发展阶段。这一阶段，生意的复杂度也会增加，OTA运营是一个绕不开的话题。做好OTA运营，首先要了解OTA是什么？它的商业逻辑是什么？这样，我们才能制定出相应的运营战略。

OTA运营看似将生意搬到线上，把民宿的信息挂在平台上，同步一些漂亮照片，然后接几个在线订单，改改客房价格，再做做促销活动，回复客人的评论……这些操作看起来十分简单，但实际上包含了很多门道，想要做好OTA运营并不像想象的那么容易。

正确认识OTA平台

OTA的全称为Online Travel Agency，中文名为在线旅行社，即在线旅游。在OTA平台出现之前，客人只能通过旅行社或直接到当地选择住宿。随着互联网科技和旅游业的发展，传统的旅行社销售模式已经转移到了网络平台上，客人可以跨地区、跨时间、跨平台直接选择自己心仪的民宿入住。

简单地说，OTA就是在线旅行社，它和在线购物的电商平台并没有本质区别。如果把OTA平台比作电商平台，那么民宿业主就是电商卖家，OTA只是提供一个平台，在商家和消费者之间建立一条通路，打通彼此之间的距离。商家提供产品挂在OTA平台上，客人在这样一个网络平台上选择自己喜欢的商品，一旦下单成功，OTA就可以赚取相应的佣金。

我们目前常见的OTA平台有携程、去哪儿、同程艺龙、途家、美团、飞猪等，由于这些平台的存在，拉近了客户与民宿之间的距离，匹配民宿和用户之间的需求。从用户的角度来看，OTA的出现为消费者提供了更多的选择，丰富了日常的出行方式，消费者不再只是被动地接受服务，他们也可以在公共平台上对民宿做出反馈和评价。站在商家、供应商的角度，OTA的存在实际上拓宽了民宿的销售渠道，以往的民宿只能依靠线下获取客源，现在可以通过在线OTA平台在全国甚至全球范围内获取客源。近几年来，不少新开业的民宿都将OTA作为拓展客源的首选渠道。

为了玩好OTA平台，你必须弄清楚OTA平台需要什么。第一，OTA平台是销售产品的平台，所以，OTA平台需要库存，如果没有各类商品的库存，拿什么卖给客人？第二，OTA平台赚取的是佣金，要的是销售额，有销量才能有相应的佣金，这样平台才能生存、赚钱。

OTA平台的库存是什么？是客房数量。虽然OTA平台和电商平台有很大的相似之处，但民宿行业库存的特殊之处在于"库存每日清零"。服装库存今天卖不完可以明后天接着卖，但民宿一旦过了晚上十二点，房间的库存就彻底清零了，这在很大程度上决定了OTA平台和民宿的合作方式，其运营逻辑和方式也有所不同。例如，与携程合作的民宿供应商有特牌、金牌和银牌，这三种类型的合作模式对应的合作内容以及合作深度也各不相同，民宿主可以结合自己的民宿产品和发展阶段，与OTA平台进行一定程度的合作。

想在平台上获得更高的销售额？一定要具备流量思维和转化思维。如何最大限度地提升排名获得流量，如何最大限度地促进转化是我们需要关注的问题。例如，携程的民宿排名往往直接决定了某家民宿的展示数量和预订交易量，排名越高访问量越大，带来的预订客流越大，民宿的销量自然也会越高。怎样利用OTA平台为你的民宿寻找有需求的用户，很大程度上取决于OTA的运营能力。

对于民宿而言，OTA平台的高效运作能助你一臂之力，以较低的成本实现业绩增长与品牌传播。而且，随着消费需求的多样化与个性化的趋势，民宿可以借助OTA平台海量的数据，对消费者需求进行定位分析，有针对性地制定出个性化的营销和服务策略。同时，OTA平台还能为民宿提供详细的数据，包括流量、转化率、推广效果、客户数据、竞争对手数据等，民宿可以利用这些数据作为决策依据，不断调整线上运营策略。

掌握OTA运营，是每一位民宿人必须修炼的基本功，需要结合民宿自身的特点不断实践，优化各个环节中的运营细节。本章节内容将围绕民宿主最关心的流量、转化等话题，深入解析OTA平台的运营方式。从一家新民宿与平台合作的建立,到日常订单、房价、房态管理的维护,从利用图片、文字对产品进行包装,到口碑点评的维护,从线上的流量获取,到最终的消费转化等,都将在接下来的内容里进行讲述。

在正式开始OTA运营篇章之前,我希望你能有一个基本立场,住宿行业的宗旨是以人为本,民宿运营者、住客、第三方运营者,这三者皆是以人为本的核心。OTA平台本质是基于住宿空间与住客之间的桥梁,是一个"第三方线上预订平台",记住,"第三方"三个字尤为重要。大隐于世营销总监黄瀚是一位在住宿业稳扎稳打10多年的资深老将,他认为:"住宿空间为第一方,住客为第二方,OTA平台只是第三方,一、二、三之间的顺序和位置一定不能变。如果对于OTA平台这把双刃剑了解不深或使用不当,本能助你独步武林的独孤九剑却练成了挥刀自宫的辟邪剑法。"接下来,我们就来详细聊聊如何做好OTA运营。

大隐于世·冬奥小镇·瞻院

一个OTA订单的"旅行"

与OTA平台建立合作

众所周知，OTA平台是民宿行业的一块"宝地"，从推广到消费转化，民宿在OTA平台中的排名将直接影响民宿的曝光量、浏览率以及流量导入。对于一个新开的民宿来说，OTA平台是一个很好的宣传渠道和销售渠道，对于提高民宿的知名度和入住率有很好的作用。

民宿基本信息和照片等材料准备好之后，即可加盟申请入驻OTA平台。你可以根据平台的要求对民宿信息进行完善，填写民宿的房型、设施设备、资质证件、结算信息等，部分信息审核通过后不能随意更改，在填写时一定要谨慎。

平台将对所填写的民宿信息进行审核，重点审核对象有基本信息、民宿图片和证件信息。当审核通过后签订合同，民宿就可以在平台上正常售卖了。若未来有更丰富的内容，也可以对材料进行补充，此外，未来房价的预埋和近期房态的维护，也是民宿在OTA平台上的正常售卖的前提。

事实上，在线OTA和线下开店的逻辑一样。首先，要想生意好，你

得有流量，得让民宿被人们看到；其次，还要有转化率，能让看到民宿的客人愿意下单购买。业绩增长是OTA运营的根本目标，流量思维以及转化思维是最核心的东西，民宿要想在平台上获取更多订单，就要从获取流量、提升转化率两个方面着手。

流量思维，提升民宿曝光量

民宿从OTA平台获得订单并不是平台自动分配，而是客人主动选择的结果。我们都知道订单 = 流量 × 转化率，而流量 = 曝光量 × 点击率。大多数客人在预订过程中，会经历搜索、浏览、选择、下单4个环节。

客人根据自身的需求，在查询页面设置条件进行搜索（通常为直搜、城市搜索、距离搜索、筛选及关键词），这是多数民宿在OTA平台上获取流量的主要来源。这个页面上显示的民宿将按照一定的规则进行排序，排名靠前的民宿，总能得到更多的曝光。如何提升民宿在列表页的搜索排名呢？

一般情况下，OTA平台的排序类型包括受欢迎度排序、智能排序、好评优先、距离优先、价格优先等，但是

民宿的位置、价格、点评等很难在短时间内人为地实现较大的变化，因此，要想提高曝光量，关键在于欢迎度排序和智能排序的优化。例如，携程的排名主要与客户价值分、价格感受分、房源保障分、信息优势分、服务质量分、商户诚信分相关，这些分值在携程 eBooking 后台都有直观清晰的分数展示，可以有针对性的扬长避短。

民宿在平台上的销量越多、营业额越高，客户价值分就会高，在平台上价格有优势、有一定的房源保障、信息完整度高、能与平台友好合作、及时快速处理订单信息等，有效提升民宿在列表页的排名情况。民宿与平台的诚信紧密合作和长期挂牌是加分的，但一些诚信违规行为会造成扣分。简单来说，就是能在平台上多卖房，与平台互惠共赢，不违规。通过这些指标的优化，来提升排名情况。

牢牢把握筛选流量

现在 OTA 平台多种多样，每个入口的排名逻辑各不相同，OTA 官方也会根据时间对规则进行调整。入口优化是常见的提升曝光量的做法，不少客人会使用筛选功能选择心仪的民宿，根据位置、价格、特色等条件做进一步筛选，来满足自身多样化的需求。

位置筛选一般看的是民宿距离景区、机场的位置，这个在一开始选址的时候就谈到过。至于价格，民宿售卖的间夜价格区间覆盖面越广，越容易覆盖更多客群。民宿可以通过参与平台的活动，向下覆盖到一个比较低的价格区间，也可以通过增加早餐、礼盒等增值产品或服务，将价格区间向上延展。多覆盖一个价格区间，就能获得更多的曝光机会。

客人也可以利用列表页顶部的

排名、流量、线上服务的误区

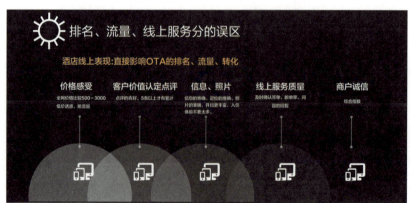

"筛选"按钮，进行更精细化的特色条件筛选，包括酒店类型、优惠促销、特色主题等，来选择更符合他期待的民宿。比如，亲子民宿、室外泳池、含早餐、免费停车等热门筛选条件。这些筛选标签都能收获不错的流量，要有意识地去占领，对于一些搜索出来民宿数量少的标签，就要去抢夺。

比如"宠物友好"这一标签就是很好的筛选流量，现在年轻人出门会带上自己的宠物，而允许宠物入住的民宿比较少，搜索出来的民宿数量也较少，如果你的民宿提供与宠物相关的配套设施和服务，就可以收获一波额外的流量，还能提升转化率和好评。如果对宠物的种类有限制，民宿经营者也应该提前和客人联系，避免入住后的纠纷。

促进消费转化

增加曝光的目的是让更多的人看到民宿，做好浏览的目的是吸引更多

巧用筛选流量

的客人浏览民宿信息。在这之后，民宿人常常会碰到一个头疼的问题：转化率太低该如何优化？其实，提高转化率的宗旨就是：但凡客人能在平台上看到的都要优化，并且要站在客人的立场和角度来优化。

当民宿曝光在客人面前，并与其他民宿一起显示在列表页上时，像极了货架上一起被陈列展示的商品。客人会选择哪一家店，取决于列表页的信息展示，对民宿的名字、价格、首图、点评、位置、标签等信息进行比较，筛选出几家比较有意向的民宿，然后点击进入详情页进一步查看，这其中的每一个环节，对转化率都会有一定影响。

相应地，提高转化率的方法也有很多，举例来说明。有家民宿地处一个求神拜佛的景区附近，原先客房名称分别是"普单""豪单""普双""豪双"这类非常传统的命名方式。经过优化后，改为"步步高升大床房""心想事成双床房"……一个月之后，令人惊讶地发现，这家民宿的转化率提高了3%，这正是抓住客人的心理需求，真正提升消费转化的效果。

不仅如此，对店名、起价、房型名、描述等基础信息的优化都能有效提升转化率，照片尤其是首图对转化率影响非常大，点评分和点评数等也都是影响转化率很重要的因素，这些都会在后面的内容进行详细阐述。

正式进入下单环节

如果客人选中了你的民宿，则会在平台上下单，包括浏览订单、填写信息、支付、确认4个环节。客人在下单时又变得比较谨慎，会再次确认关键信息，包括房型信息、民宿政策、取消政策、本单可享优惠信息等。

与线下渠道不同的是，客人在OTA平台上预订民宿时，会更加重视取消订单的政策。比如，携程的取消政策包括：不可取消、限时取消、阶梯取消、免费取消。由于预订有一定的取消概率，客人在选择民宿产品时，会更倾向于宽松的取消政策，这样比较容易促成转化，但也容易导致取消率高，白忙活一场。所以，民宿应该结合市场热度和本店出租率等综合考量，不同时期设定不同的取消政策，也可以优先考虑阶梯取消这类相对折中的政策，在保证转化率的同时，降低取消率，提高效益。

在阶梯取消政策下，客人取消订单将按照不同时间的阶梯扣取不同金额费用，越临近入住时间，扣取费用越多。对于客人而言，把"不可取消"的时间延后，让他有时间做决定，只要符合取消条件，也不会损失太多钱，对民宿来说，也留出了二次售卖的时间。阶梯收取取消费用，不仅限制了客人盲目取消的行为，也为民宿提供了合理的保障。

如果订单确认没问题，客人就开始填写订单信息了，除了基本信息外，有些客人还会填写一些特殊要求，待信息填写完毕并完成支付，该预订单就完成了80%。为什么说才完成80%呢？其实，到这一步只是客人单方面完成了预订，之后还需要民宿方进行订单确认。从客人预订到离店，同样包含4个步骤：订单确认、订单录入、订单查询、住店审核。这些都完成后，一个完整的民宿订单才算完成。

民宿确认订单信息

在客人提交订单后，OTA平台将向民宿发送订单通知，随后进入商家处理订单的环节。一般来说，民宿要花一定的时间来确认订单，有些客人可能因为行程的变化等原因，会在这段时间内修改或取消订单。如果你的民宿带有"立即确认"的标签，那么该订单为保留房订单，是由民宿提前预留给平台的一部分客房库存，由平台直接确认给客人，无须等待商家再次确认，而客人提交订单后，将立即收到确认通知。

民宿工作人员接到订单后，尽量在5分钟内核对订单信息，确认是否接受订单，商家处理完毕后，客人将收到订房成功通知。订单确认时长是服务质量分的重点考核指标，5分钟内确认订单占比高是一个很好的加分项。与此同时，不出错也很重要，要避免到店无房、确认后提价、操作失误等减分项目，这样，服务质量分整体才能保持在较高水平。

为了尽可能快的接单、不漏单，除了开通多个渠道的订单提醒外，民宿还可以开通自动接单功能，比如，自动确认保留房，自动确认特定时段、房间类型、日期等，还可以对紧急、特殊要求的订单进行剔除，以提高接单速度，避免客人因等待而流失。但对于容易满房的房型和出租率高的时期，建议使用人工接单的方式，避免超售。

当民宿有空房时，一个订单是否可以接受，主要关注客人的特殊要求，如果民宿不能满足客人的特定要求，就不要随意接单，否则可能引发投诉等问题。有些需求一定要提前联系客人沟通清楚，如果实在不行，民宿方可以谨慎拒绝该订单。但需要注意的是，如果客人定的是保留房，一定不要直接拒绝，这样做会被判定为满房后违规，会导致民宿在OTA平台上的服务质量分扣减，降低全网流量和排名，商家诚信分数降低。如果在运营过程中，遇到比较棘手的订单，可以联系OTA平台的客服协助解决。

订单信息录入 PMS

在 OTA 平台完成订单后，民宿方通常会将订单信息录入 PMS（property management system，物业管理系统）。民宿领域常见的 PMS 有云掌柜、订单来了等，使用起来也更方便快捷，可以满足民宿基本的管理需求。在房态管理方面，PMS 可以实现多平台的房源同步，和目前市面上主流 OTA 渠道直连，比较便捷地完成订单录入。且 PMS 可以生成一个微官网，以支持直客在线预订，有利于自有渠道客户的积累。

将客人信息输入 PMS 时，主要关注客人的个人信息、住店信息及提示信息，如客人姓名、联系方式、入住民宿时间、所需餐食等。对此信息的准确输入，是为了在客人入住时，能提前为客人做好安排，从而更好地服务客人。

客人到店管理

当客人如期到店登记入住，民宿工作人员会要求客人出示身份证件，并以客人姓名为依据在 PMS 中查询订单信息，办理相关入住手续。基本上每天都有客人来店、离店，民宿要做好住店审核，因为这会涉及财务结算等。比如携程平台的闪住订单是客人离店后由平台扣款的，因此，民宿对闪住订单要及时审核，一旦闪住客人在店期间产生了杂费或物品损坏，如果费用在押金范围内，民宿可以在 OTA 后台直接输入金额，费用由平台直接从客人账户扣除并支付给民宿，如有超出部分，民宿需要自行向客人收取。

在客人预订民宿过程中，从查询页、列表页、详情页到订单页，经历这些关键路径，一个完整的订单旅程才算走完。其中每一个环节都至关重要，可能是促进订单转化的催化剂，也可能导致订单的流失。

以上就是一个订单的完整过程，其中对于流量和转化率等平台规则做了一些说明。这时候，你已经知道哪些基础信息很关键，了解了影响排名的因素，知道了违规对民宿的影响。除此之外，民宿主要懂得站在客人的视角，去审视自己的民宿，不断优化客人在各个环节的体验。

而且，你需要超强的学习能力和管控能力。OTA 平台的规则、外网的信息呈现，随时都会发生变化。对于 OTA 运营来说，要时刻关注其中的变化，能及时做出相应的调整和数据记录，再根据数据分析结果进行新的控制调整。接下来，我们着重讨论影响流量和转化率的主要因素。

做好 OTA 形象管理

你可以从客人的角度来思考一下，一个陌生人在预订民宿时是什么状态？请注意，大多数在 OTA 平台上预订民宿的客人，其实并没有亲身体验过你家的民宿，你的民宿对消费者来说只是一种陌生商品。因此，消费者在预订民宿的时候，通常会浏览大量的民宿，从中选择几个作为备选，然后进行进一步的对比筛选，最后再做出选择。订房过程就像相亲，在 OTA 平台上的形象直接影响着客户的决定，看起来好看顺眼，才会有更多的可能性。

一张美图胜过千言万语

你的民宿形象美吗？如果你的答案是肯定的，那么请你想一下，你家的民宿在 OTA 平台上的照片颜值够高吗？在成千上万的民宿中，一个民宿给人留下的时间只有十几秒，甚至几秒钟，如何在有限的时间内迅速打动客人的心，该民宿在 OTA 平台上的形象，尤其是首图的选择至关重要。

民宿首图即展示在列表页的图片，它会直接影响客人愿不愿意打开

大隐于世·冬奥小镇·7号院

页面继续看。而且，一家民宿在列表页展示的信息中，首图的好坏不仅会影响客人对你的民宿的第一印象，还会直接与流量联系起来。为了吸引消费者的注意，必须要有一张高像素、高清晰度、能突出民宿亮点的首图。

在开业初期建议请专业的摄影师进行拍摄，等摄影师精修过照片后，管理者要及时挑选一些好看的照片上传到平台，并选择效果最佳的照片作为首图，重点从图片色彩、角度、构图等维度考虑，挑选一张能突出民宿卖点的图片。在展示上，各平台有自己默认的尺寸比例，比如携程、美团首图默认比例接近4∶3，所以，要选择这样尺寸中好看的照片，如果图片展示效果不好，则需要重新调整，裁剪到合适的视觉效果。

要想从列表页的众多民宿中脱颖而出，首图的选择最好有差异化，与排名上下的竞争对手在类别、色调等方面有所不同，能与同类民宿区别开来，便于吸引用户点击。民宿在更改首图后，也要及时关注民宿后续订单量的变化，若效果不佳，可用其他美图进行更换，根据数据反馈进行测试调整。

同时，上传到后台的其他照片也要保证高清晰度，要高于1024px×768px，每张照片都要尽可能明亮美观，上传至OTA平台的任何一张民宿图片，应参考如下图片美观度的基本要求：

从照片数量上来说，当然是越多越好，从院子全局、房间全局、卫浴到一些细节等，每个部分都尽量大于4张，多角度直观地展示民宿美感。如果民宿添加了新的设施或重新装修过，也要及时补拍并上传到后台。

民宿的照片不仅仅是告诉客人你有房间，更是告诉客人你有漂亮而舒适的生活空间，值得他花钱住一晚。

图片美观提升要素（图片来源：携程）

图片美观度提升		
维度	子类	提升方向
图片质量	尺寸	图片清晰不模糊，尺寸不小于550px *412px
	宽高比	图片宽高比尽量控制在1~2之间，避免变形图片
图片内容	图片内容	图像主体突出且干净整洁，包含完整场景
图片美感	角度	图片视角全局不局限，不同类型图片视角不同，注意避免畸变
	光线	亮度适中，不会过暗或曝光过度，色彩协调，避免黑白照
	构图	构图符合大众审美，完整无明显缺陷

此外，随着短视频越来越容易被人接受，也可以找人拍个关于民宿的小视频，用动态的效果演绎出空间之美。

另外，还有一个小技巧，首图并不是一成不变的，可以有针对性地调整变更。如果运营一段时间之后，你发现大部分的客人都在白天下订单，并且在白天入住，那么首图选择白天的景色就比较合适了；如果大多数客人在晚上或傍晚入住，那么最好选择夜景作为首图。总而言之，首图要根据民宿客人的入住时间来调整，这样，既能与客人的心理预期一致，又能有效减少客人的心理落差，提高好评率。

此外，一年春夏秋冬，每个季节都各有不同的魅力，民宿在四个季节中也能展现出不同的美感，OTA 平台上的首图，可以随着四季的更迭进行变换。比如，夏天到了，放一张自带大泳池的外景照片，定能吸引不少人的目光；到了冬季，一张铺满皑皑白雪、散发着暖黄色灯光的照片所呈现出来的那种氛围，就会让人特别舒服，那是人们向往的大自然的气息；如果你的民宿在冬天有独特的体验，比如玫瑰花瓣私汤，可以大胆地直接展示出来，光看照片就能给严冷的冬季带来一些浪漫的气息，让人觉得即使是冬天，住进这里，时光也会慢下来，生活会暖和起来。

人类是视觉动物，如果照片所展现的美感能在第一时间被人捕捉，这些图片所展示的场景，是无法用语言来描述的。人们看到照片时会自然而然地想到身临其境的样子，如果这个感觉让他舒服了，才会有进一步了解民宿的动力。

用丰富的内容吸引注意力

除了装扮好线上门面，让对方能够万里挑一选中你，你也可以主动出击，出现在可能遇到他的位置，让他更容易发现并注意到你。你可以换位思考下，从客人的需求出发，想一想客人在预订民宿时主要有哪些需求，会通过哪些关键词来选择。一般情况下，客人在出行选择住宿时，会先考虑自己的需求，在满足基本需求的基础上，再去追求个性化体验。

民宿行业作为一个周期性很强的行业，不同时期的目标客群可能有所不同，客户的需求也会有所变化。民宿的词条和首图的逻辑一样，都可以随着时间的变化而对其进行调整，你可以结合自己的民宿实际运营情况，来探索目标受众的需求。比如，暑假

大隐于世·冬奥小镇OTA平台图文介绍

京郊一家有温度的民宿
A WARM HOUSE IN THE SUBURBS

大隐于世·冬奥小镇是大隐于世在北京延庆张山营镇后黑龙庙村，自建自营的第一个项目，冬奥小镇已上线的19个院子，包括14种风格不同的特色民宿小院和5个设计师的院子。

富有艺术感的设计师民宿　　巨无霸泳池的复式网红民宿

种满花草的田园风民宿　　娱乐设施超赞的独栋别墅

入住大隐于世的明星：
杜海涛&沈梦辰
童星蒋依依
飞儿乐队主唱FAYE飞
人气歌手张达文
老戏骨李光复
主持人马丁
恩众音乐社
剧组、记者、作家、网红、达人等等

设计师小院
Homestay 大隐于世·冬奥小镇

冬奥小镇·苕苜
新与旧的碰撞，感受时光荏苒
4室1厅，1厨4卫的设计师小院，可住12人

冬奥小镇·亢院
超适合团建聚餐的小院
4室1厅，1厨4卫的设计师小院，可住16人

冬奥小镇·互舍
用空间设计把小院大变样，独具匠心
2室1厅，1厨2卫的设计师小院，可住8人

冬奥小镇·瞻院
赋出片儿的红砖小院
3室1厅，3卫1厨的设计师小院，可住12人

冬奥小镇·嘿巢
不规则的设计，跳跃的色彩建造的ins风小院
3室1厅，4卫1厨的设计师小院，可住10人

网红小院
Homestay 大隐于世·冬奥小镇

冬奥小镇1号院
陈乔恩《女儿们的恋爱》拍摄地
4室1厅，1厨4卫的小院，可住12人

冬奥小镇2号院
超大泳池，复式ins风小院，明星网红打卡地
4室2厅，1厨4卫的泳池小院，可住18人

冬奥小镇6号院
像家一样私密性极强的泳池小院
3室1厅，1厨3卫的泳池小院，可住11人

冬奥小镇7号院
自带网红气质，戏水乘凉，适合团建的小院
5室1厅，1厨4卫的小院，可住15人

冬奥小镇10号院
自风铃，晓看星，带有泳池、KTV的小院
4室1厅，0厨4卫的泳池小院，可住12人

冬奥小镇·别墅一
独栋别墅式院落，适合聚餐、团建、家庭宴会
6室2厅，1厨4卫的别墅小院，可住14人

冬奥小镇3号院 3室1厅，1厨3卫的小院，1间大床房+2间榻榻米（可住4人/间），适合10人居住 	**冬奥小镇11号院** 4室1厅，1厨4卫的小院，2间双床房（可住4人/间）+1间大床房+1间榻榻米（可住4人），适合14人居住
冬奥小镇5号院 4室2厅，1厨4卫的小院，2间大床房+1个上下铺4人间，适合8人居住 	**冬奥小镇12号院** 3室1厅，1厨3卫的小院，1间大床房+2间榻榻米（可住4人/间），适合14人居住
冬奥小镇8号院 4室1厅，3卫1厨的小院，1间大床房+2间榻榻米（分别可住4、5人）+1间双床房，适合15人居住 	**冬奥小镇·别墅2** 6室2厅，4卫2厨的别墅小院，4间大床房+1间榻榻米房（可住4人）+1间双床房，适合14人居住
冬奥小镇9号院 4室1厅，3卫1厨的小院，1间大床房+2间榻榻米房，适合8人居住 	**冬奥小镇·别墅3** 6室2厅，3卫1厨的小院，5间大床房+1间榻榻米（可住4人/间），适合14人居住

床品皆选用亲肤柔顺面料，所有布草品全经过专业的洗涤、消毒，躺在床上就能闻到阳光的味道。一次好床品让人舒心安眠，我们保证一客一换，关于睡眠这一点您不能忽视。

房间内配备全套卫生的一次性洗漱用具，精心选购的洗发水、护发素和沐浴露，还配备高标准的毛巾、浴巾、吹风机也是一应俱全，来小院自带轻松即可。

未曾来过大隐于世，怎敢轻言懂得生活。
Never been here Dayinyushi homestay,
How dare you speak lightly and understand life.

每个小院可居住8-18人，整个冬奥小镇可住200多人，是朋友聚会、家庭出行、团队建设、网红达人打卡、影视拍摄等多种出游的理想之地。

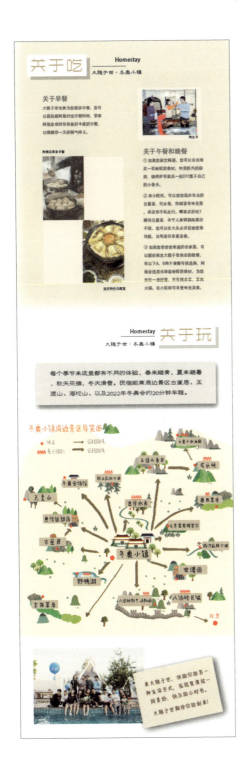

期间，亲子出游的客户可能多一些，自带亲子标签的民宿自然会更容易被发现；冬季来了，各大公司开始总结过去、展望未来，团建聚会的需求量会大一些，这时，你的民宿介绍词条里有 KTV、会议室就会格外受关注。

住宿和旅行向来结合得十分紧密，民宿作为市场中耀眼的星，也和周边的旅游资源相辅相成。顾客在选择住民宿时，不仅要享受特色民宿所带给他们的乐趣，还要顺便欣赏周围的自然环境。你可以留意客人经常搜索的热词，在词条上结合民宿周边著名景点、热门出行话题等添加关键词，提高被搜索到的概率。比如，民宿名字＋周边景点＋大型会议等更为加分，可多角度触达用户，这也是对搜索、筛选流量的一种有效利用。

在成功地吸引客人的注意后，就该轮到图文卖点发力了。对于各有各美的特色民宿而言，他们的产品更加多元、服务内容更加丰富，民宿希望传达给客人的也很多，但有一些内容通过照片却很难很好地表达出来。所以，各大 OTA 平台也推出了图文功能，可以通过更丰富的图文描述来展示卖点。

比如，在携程 App 上，民宿上传的优质图文内容会展示在攻略页面，客人在浏览房型时，即可看到你上传的民宿图文。平常大家在电商平台上购物时，也会在看过"宝贝详情页"之后，再决定是否下单，民宿图文也起着同样的作用。

这部分图文信息一定要准确精练，全方位展现自身优势和特色。卖点介绍主要有图文介绍和整图形式两种介绍方式。如何设计你的民宿图文，民宿主可以根据实际情况进行选择，都能取得不错的效果。

图文介绍是最为简洁通用的，以民宿为中心，围绕"吃、住、行、游、购、娱"全面展示给客人，让客人出行更加省心。文案上要尽量保持简单明了，结合不同场景客观描述事实，少用文学性较强的生僻字，避免使用感叹号或语气词等，可多参考优秀同类型民宿的图文案例。

如果采用整图形式，民宿房型等基础信息要完善，包括床、卫生间、房间设施、周边环境等文字或图片信息都要写清楚，便于用户根据自己的需求选到心仪的房间。同时，增值服务也要展示到位，民宿是否有加床、是否有早餐、是否能做饭、是否能烧烤、是否可带宠物等也是很多人关心的话题。如果民宿提供这类服务，请务必在 OTA 平台上注明。

此外，整图形式也更为直观，比较适合民宿业态较为复杂的民宿。比如，大隐于世·冬奥小镇民宿是一个集合了 19 个独立院落的民宿集群，有自带"巨无霸"泳池的民宿、有设计师系列民宿、有自带 KTV 的别墅，还有浪漫温馨的田园风民宿。冬奥小镇通过整图的形式，全方位展示了其田园优势、美食体验、娱乐活动，等等，甚至还专门给客人制定了民宿游玩攻略与网红打卡点。

据携程数据显示，上传图文详情后，对于订单转化率的提升效果已经被反复验证，转化率提升比例高达 15%，很多高星级酒店、网红民宿都在效仿，悄悄设计上传图文详情。想要提高转化率，必须重视民宿图片，上传更多的美图来吸引客人，对于图文描述这一转化神器，千万不要忽略。因为，在一定程度上，当大家的图片、点评、价格相差不大的情况下，图文能更全面地展示店内的特色体验与亮点，更容易分流对手的客户。

重视点评和互动，做好客户关系管理

利用互动信息，及时响应客人

无论是文字还是图片信息，都是相对静态的信息，很难在短时间内快速变化，但在线咨询、点评回复、疑问解答等，这些交互式信息可控性强，而且对转化率的影响很大。例如，很多人在电商平台挑选衣服时，遇到问题的第一反应不是查询商品详细信息，而是通过在线对话工具向商店客服咨询。借助OTA平台的在线咨询工具，商家和客人可以进行在线聊天，在预订过程中及时解决客人的疑问。

另外，任何一种类型的客人，不管是否住过这个民宿，都可以向其他曾经住过这个民宿的客人提问，会被更多有意向的客人看到。问与答的价值，不仅仅在于为提问者解惑，而且可以帮助更多的潜在客户快速了解关键信息，从而促进订单转化。

民宿如何通过问答来提升转化呢？关键在于3点：全面性、及时性、专业性。民宿对所有客人的有效提问，尽量要做到100%回答，诚挚热情地回答每一个问题，既能展示民宿给予客人充分的尊重与关心，又能在第一时间给出准确的官方答案，更容易赢得客人的好感。同时，问答也是一个展示民宿服务水平的窗口，良好的问答互动对民宿的形象有积极的影响，若是敷衍了事的回复，不仅会导致客人不满，还会让民宿形象受损。

商家应正面准确地回应客人的问题，若能解决客人的问题，准确介绍并告知即可，在此基础上做一些补充延展也是很好的策略。比如有人问在民宿里能做饭吗？如果民宿允许做饭，那么就可以回复："您好，民宿里有宽敞明亮的厨房，可以和家人朋友一起做顿美食。这里有电磁炉、吸油烟机、炒锅、蒸锅、汤锅、电磁炉、烧烤炉等全面的做饭用具。民宿免费提供基础调味料，盐、糖、醋、老抽、生抽、鸡精、米、面、粮、油应有尽有。厨房里专门放置了消毒柜，足够多的碗盘、叉勺都放在碗筷消毒柜里，以保证用餐卫生。您只需要自带新鲜的食材烹饪菜品，即可享受属于你们的'小食光'。"借助一个简单的问题，民宿可以把关于厨房的设施做出详细回答，这不仅解决了该客人的问题，也为拥有相似疑惑的客人解决了问题。

点评的好坏决定转化率

客人在 OTA 平台选择民宿的时候，近 9 成都会浏览热门评价和近期评论。数据显示，点评分与转化率的相关系数高达 95%，在民宿产品具备同等竞争力的前提下，点评分高的民宿更容易获得客人青睐。

为什么点评在今天的价值愈发凸显？从本质上来看，点评能减少信息不对称，客人可以通过其他客人点评获得官方宣传之外的真实声音，而民宿的优质服务能通过以往客人的评价传递给更多的人，提高交易的成功率。点评分数与点评数量塑造了客人对民宿的整体印象，而点评内容通过文字、图片、视频等信息，为潜在客人提供了更多细节和真实的信息。

而且，基于 OTA 平台的排名特性，从规则层面就决定了点评的重要性。以携程平台为例，一家民宿在携程的销量主要取决于两个因素：一个是流量；另一个是转化率。点评作用于这两大因素，从而影响收益。

民宿的总评分由多个客人的点评分综合计算而来，比如，携程的点评分是对过去 3 年内的有效点评综合计算而成的。每条点评分的权重受时间影响，越接近当前的单条点评分，所占的权重越高。每一位客人的点评同样是按照此逻辑计算，从卫生、服务、环境、设施 4 个方面综合考量。

消费者往往会有从众心理，电商平台会展示商家的销量，让过去的购买记录被"看见"，从而激发更多的购买行为。OTA 平台上没有销量的展示，但点评数量能间接反映出民宿的受欢迎程度。数据显示，当民宿无点评或点评数低于 50 条时，转化率相对平均水平低 80%，更多的点评数和比较高的点评分，无疑能增加客人下单的意愿。

口碑营销的重要窗口

点评除了对曝光度和转化率有直接影响之外，许多商家没意识到 OTA 点评对于民宿品牌也是一笔宝贵的财富。一个人拥有良好的品格能在工作和生活中获得认可，一家民宿拥有好的口碑能得到客人的追捧。

民宿在 OTA 平台上能展示的信息有限，更多的是"有没有"的事实，而非"好与坏"的感受。借助于宾客之口，民宿的形象展示更加立体、更具有多面性。比如，在 OTA 平台上，关于早餐的信息，民宿方只能说明早餐是否包含在内，单早或多早，等等，但是客人可以以评论的形式写得更加细致、生动："早上起来，民宿的管家已经准备好了早餐，养胃粥搭配农家小菜和现蒸的包子、花卷，在这凉爽清冷的季节，喝一碗暖暖的粥，胃里也都暖洋洋的。"而且，同类点评内容反复出现，有利于强化民宿的独特性，让你的空间变得更有温度，毕竟买家秀比卖家秀更有说服力。

有些客人很喜欢分享，又有记录的习惯，会在平台上详细描述其住民宿的经历，比如一个组织团建的朋友，在平台上对餐饮、玩乐、交通等提供了详细的攻略信息，也夸赞了民宿提供的服务很棒。这样的评价可以给更多团建的朋友做参考，也能吸引更多想要团建的客人。

顾客在 OTA 上写的评论是对民宿本身的延伸和补充。点评的浏览量很大，商家回复的曝光量也不低，所以，商家回复是一个重要的营销窗口，在用心服务好客人之后，最好也能用心地回复客人的每一条评论。

进一步展示产品亮点

如何利用点评回复的机会，进一步展示产品亮点呢？第一，对于客人给予我们的评价，要及时回应，最好能在 24 小时内完成。回复可结合点评的内容进行个性化回复，同时可进一步展示民宿各项活动内容，彰显民宿文化，达到宣传推广目的。

第二，回复的内容要避免机械化，不要简单地用"谢谢光临，欢迎下次再来"来回复每条评论，更不要粘贴

客人在 OTA 平台上对大隐于世民宿的点评

拷贝，千篇一律地回复。整个回复要真诚一些，让人感觉很有人情味，就像和老朋友说话一样。

第三，针对不同的客人点评，商家也要有不同的回复或应对策略。你要明确的是，消费者的需求和认知都有很大差异，对于同样一个商品或民宿，消费者的反应也会有所不同，所以最后的评价也会是褒贬不一的。

对于给予好评的客人，要及时感谢他们的赞许，并可以再次强调客人的赞美点。比如有客人在一条5分好评中提道："民宿准备的下午茶特别好，尤其是应季的葡萄，咬一口满嘴都是酸酸甜甜的果香味，还有一口爆汁的感觉，真的是太棒了！"此时，你可以这样回答："谢谢你选择我们，谢谢你的认可。我们准备的葡萄都是从果农那儿现摘的，得天独厚的地理环境，让这里的葡萄颗颗饱满晶莹。而且，为了能够保证葡萄的品质和口感，果农不用化肥，坚持用纯天然的土肥，这样长出来的葡萄皮薄、口感好。现在是葡萄采摘的好时节，昼夜温差大，葡萄的甜度恰到好处，下次来可以摘一些葡萄带回去给城里的朋友尝尝。"

针对一些不满，民宿要积极采取措施补救，做好客户关系修复，也可适度转移话题。例如，客人提到房间太小的客观问题，民宿回复除了表达歉意外，还可以回复："您此次预订入住的是我们的浪漫大床房，这是我们的基础房型，我们用小空间做到精美，这样价格不会太高。如果想体验大空间，您下次可以尝试我们的高级大床房，面积更大，布置也更加温馨舒适。"

天下没有零差评的商家，没有民宿能够做到尽善尽美，如果真的出现了差评，也千万不要怕，首先要读懂差评，找到情绪爆发点，双向核实，确认实际情况，尽可能安抚客人情绪。同时，也要勇于承认民宿的不足之处，摆正姿态和态度，展现解决问题的决心和态度。写差评的客人不只是为了给民宿看，回评论也不只是为了给这位客人看，一些差评处理得当，反而能够获得消费者的青睐。

总之，通过点评回复，商家可以将产品卖点、条件优势、品牌理念不断强化并传递给客人，实现民宿信息的二次包装。对于在浏览评价信息的客人来说，这无疑也是一个很有价值的信息补充。五星级酒店体现的是父亲式的一丝不苟，而民宿体现的则是母亲式的关爱。说到底，做民宿就是与人打交道，不管何时何地，都要让客人感受到那份温度。

有计划的管理点评

当民宿的点评数量小于5条时，点评分数不会显示在平台上，至少要大于5条评价，才会有分数。所以，民宿要有意识地引导平台客人给予好评，突出民宿在卫生、服务、环境、餐饮、床品等方面的优势。

但是民宿是一个包罗万象的产品，客人的体验感受到诸多因素的影响，想要赢得好的口碑，就必须先满足基本的期望，然后才能创造超乎预期的体验感。简而言之，就是先保底，再追求更高分数。

一个水桶能装多少水，取决于最短的那块木板。解决可能会导致差评的原因，弥补产品的短板，保证最基本的入住体验，预防差评上线。为此需要做两方面的工作，一是加强在店沟通，二是积极响应客人的需求，一旦发现客人在住宿期间的情绪不对劲，一定要及时沟通解决，通过我们的服务安抚客人的情绪。这个过程中，民宿工作人员还应该学会倾听一些批评的声音，而不只是简单地隐藏自身的缺点，这也是一个不断优化提升的过程。

在OTA平台上任意看一家点评分为4.9的民宿，你会发现基本都会提及"人"的因素，所以，点评管理的本质，其实就是提供好的产品和服务，以获得好的口碑。客人在店里真心实意地获得了很好的体验，他才会愿意在平台上夸你。

心理学家丹尼尔·卡尼曼的"峰终定律"曾指出，人们对体验的记忆由2个因素决定：高峰与结束时的感觉。只要你能创造正向的"高峰"时刻，把握好"结束"时刻，你就有机会获得更多的好评。抓住客人与民宿产生

大隐于世对客人在OTA平台上的点评回复

联系的关键时刻，让其有可能成为正向的高峰时刻，客人才有可能记住这些时刻，从而给民宿好评。

每一个高峰时刻，都是好评诞生的机会。比如，管家给客人送下午茶的时候，客人对管家表示感谢，这时管家就可以合理地提醒，如果客人对民宿的服务满意，可以在离店后给予好评。办理退房时提醒客人好评，也是加强对方记忆点的一个良好时机。但是要注意提醒的方式，不要弄巧成拙，最终引发差评。

最后再强调一点，民宿要避免进入高评分的误区。很多民宿人都认为，做好 OTA 运营就是做高评分，但又常常出现这样的疑问"我的民宿做 OTA 评分都 4.9 了，为什么订单量还是不理想？"事实是，做好 OTA 运营不只是获得高分，点评的数量和分值只是影响预订的一种主要因素，与其他影响曝光和转化的因素的叠加效应，共同作用于一个订单的诞生。

为产品引流转化

在 OTA 平台上，民宿要想获得更高的收益，关键是要不断地提升流量。除了通过排名等方式获取流量外，民宿还可以运用 OTA 平台的各种营销工具，以低成本撬动高收益。

在 OTA 的后台活动中，不单单是优惠或福利，其背后往往伴随着巨大的访问量和较高的转化率。由于参与促销的民宿可以为客人提供高性价比的产品，OTA 平台自然会优先推荐这类民宿给客人。通过查询页促销位、列表页筛选等，均可增加额外曝光，活动的价格和标签也直接影响了点击率和转化率，让客人产生下单的冲动。

连住优惠、提前预订、多间立减等都是住宿类产品很好的销售策略，合理使用这类 OTA 库存管理类工具，可以提升民宿入住率，减少空房、尾房数量，保证整体收益。除此之外，天天特价、限时抢购等常规折扣类工具也能带来流量的提升，从而提高转化率、增加销量。但如果你是靠"特价/低价"来实现持续引流的，那么请务必测算好收益底线，以免只赚取了流水，却没剩什么利润。消费者和消费者竞争，生产者和生产者竞争，不要因为参与活动过分降价，陷入恶性竞争对民宿自身没有什么好处，对于此类营销工具建议谨慎选择。

民宿每天的支出运营成本是固定的，那么未曾售出的房间就会损失一份收益。当商品的使用价值具有时效性时，其使用价值随着时间的推移而变小，从理论上讲，到期限结束，就不再有使用价值。比如凌晨的空余房间会失去使用价值。因此，在晚上8点以后，如果还有空房，许多民宿会选择"今夜甩房"的工具，以低于平常的价格卖出去，认为这样至少比空房要好。但从长远的角度来看，为了售出而时常降价促销，对品牌形象和价格的恢复都是不利的，因为持续的低价促销，很容易促使消费者养成"观望"的心态，期望民宿会出现更低的价格。

除各种促销工具外，OTA平台也会结合时令节庆，与一年之中的各个关键时节、节日等结合推出热点营销活动。这些活动会通过OTA首页、活动专辑位、列表页标签等方式进行展示，提升流量效果显著。民宿可根据当前的热点，结合自己的实际情况，选择参加适当的促销活动。

凡事都有好的方面，也有不好的方面，参与活动或促销一定要结合自身的民宿产品、产品周期等来确定，有针对性地使用，才能有效提升民宿的整体运营收益。对于活动的选择没有绝对的适合与不适合，这些只是辅助你运营的工具，最好能利用它们来达到自己的目的。

正确看待与OTA平台合作的关系

OTA平台是很好的宣传渠道和销售渠道，与OTA平台合作有很多显而易见的好处，运用好OTA平台可以为民宿带来可观的流量和业绩。但如果运用得不好，也会有很多弊端，一不小心就会被OTA平台扼住咽喉。如何处理好与OTA平台的关系就变得至关重要。

大隐于世营销总监黄瀚认为："如果你把OTA平台当作衣食父母，那么民宿无法将客源和销售掌握在自己手中；如果把OTA平台当作一个售卖工

大隐于世·冬奥小镇·瞻院

具,与OTA的深度合作可以助你玩转整个市场。"同时,与OTA平台打交道多年的黄瀚也梳理了一些与OTA平台合作的好处和弊端,摘录一些放在这里。

与OTA平台合作的好处

①宣传曝光:对于增强民宿的知名度和宣传力度有很好的作用。

②价格模式:提升其他渠道的收益,尤其是自有渠道。

③客源筛选:根据平台的运用数据和客源分布,可以精准定位最适合自己的客源(年龄、性别、职业、爱好、消费习惯等)。

④多重定位:每一个OTA平台在区域和住宿类型的划分方面都可以提高民宿的曝光度。

⑤远期销售:以不同的促销方式,针对某些客源做远期销售作为铺垫,变化价格,提高收益。

⑥数据对比:民宿根据整个市场或竞争对手的各项数据进行方向性调整。

⑦评论收集:评论是民宿日后改进的主要来源(毕竟不是所有客人都愿意当面说出心中所想)。

与OTA平台合作的弊端

①真实客源:最大的弊端就是阻

碍了民宿直接接触客源，OTA平台既是桥梁也是隔阂。

②失去信赖：宾客担心投诉无门，却更加信赖OTA平台，而OTA平台对于投诉的处理方式和理念与民宿差别甚大。OTA平台在某些情况下会承诺宾客民宿无法做到的事情，久而久之OTA平台会取代民宿在宾客心中的位置。

③特色、特点展现：对于民宿自身特色、特点展现的限制。OTA平台并不是自由化、开放化的平台，尤其对于民宿自身优势的展现具备限制条件，凸显在硬件、周边环境、软性服务方面。

④买家市场：OTA平台如同一个超市货架，将民宿间夜作为商品供宾客选择，如此以往民宿会陷入买家市场的循环，无法再做深度化的客源定位。

⑤方向误导：排名导致市场需求变化。对于每一个类型的住宿产品，尤其是目前流行的"非标化"住宿，基本在筹建初期时民宿主就想着去适应整个市场，但现如今消费者的理念在不断变化和提高，精准定位客源才是关键，而且任何一家民宿都无法适应整个市场的需求，如果太过于注重OTA平台的排名和客源导向，将失去本身特色，忘记初心。市场如此之大，民宿只需抓取所希望的那一小部分客源即可。

⑥投诉增多：在为宾客服务时，员工会针对来自某OTA平台的客人。主要原因在于宾客在投诉过程中用该OTA平台威胁民宿，而OTA平台在不做相应调查和取证核实的情况下偏袒宾客，给员工留下深刻印象。

OTA平台具体的利与弊要看民宿目前处在何种发展阶段，而且未来民宿在客源、销售、运营几个方面的核心理念和方向是什么。黄瀚认为由买家市场转变为卖家市场的成功案例还是有的，虽是少数，但那毕竟是民宿发展的终极方向，不要因为操作不当让OTA平台成为阻碍，一定要加强员工对于OTA平台认知的培训。

民宿与OTA平台之间没有强弱之分

其实，在认清楚与OTA平台合作的利与弊之后，你会发现民宿和OTA平台不应该有强弱之分，应该懂得如何让民宿与OTA平台合作，以实现自己的客房销售目标。应该正视民宿本身，也要正视OTA平台，这是改变所谓"地位"的关键因素。曾经有一位民宿业主对管理者说："OTA方面，满足某个龙头OTA一切要求，其他OTA你自己处理。"结果，因为这一句话让这家民宿本身定位的外宾充足客源颠倒成为内宾，平均房价也降了将近一倍，远期预定也慢慢消失了。

对于民宿来讲，最重要的就是在OTA平台这部分做到平均，无论你与几个OTA平台合作，无论你给予OTA平台的客源量占总量多少，你都应该尽可能平衡。这么做主要是为了防止OTA平台之间再次爆发无形战争，OTA平台之间的战争不可能伤及客源，受伤的永远是民宿本身。

很多人惧怕OTA平台，怕OTA平台或者业务经理使坏，或者摸不准OTA平台的套路，OTA平台不给民宿订单、降低民宿排名，最后导致业主亏损，员工拿不到工资、奖金。如果一味地担心，那只能说明你太依赖OTA平台了，无论你是否遇到过这样的情况，你都可以思考一下：①即使你事事顺从OTA平台，但出租率最低的那一段时间，或者你将要面临淡季的冲击时，OTA平台有没有帮助你满房？②就算你和某个OTA平台合作密切，可别忘了你是要交佣金的，按照15%的比例来算，无论你一年房费流水是多少，OTA平台15%的佣金相当于你的纯利润。

平台运营策略

平台定价策略

通常来说，民宿的房间价格只有两种，一种是直销价格（官网、电话、微信等），另一种是OTA平台售价。原因很简单，直销价格是官方价格，是所有平台价格的锚点，类似于民宿厂家直销，没有中间商赚差价。直接面向消费者的直销方式，使民宿能够直接感受到客源的需求和动态，以应对市场的变化。

而OTA平台则更像代理商，代理商是非常常见的经营行为，民宿需要给OTA平台一定的佣金额度，对于不同的OTA平台，虽然收取的佣金比例不同，但民宿主仍然可以选择让渠道终端价格保持一致，一碗水端平，让客人自己选择到哪个平台上订房。

一般情况下，民宿的直销价格低于平台销售价格，尤其是旺季的时候，房源供不应求，可以通过价格设定让

7　OTA运营：让民宿业绩爆发式增长

大隐于世"订单来了"微官网截图

客户更有动力直接从民宿订房。OTA平台的价值应该在于给民宿带来额外的客源，而不是把民宿直销渠道的客源抢过去，然后民宿主用佣金买回来。自有渠道灵活性较高，不受平台限制，这样有利于客源沉淀，形成自己的客源体系，建立起民宿销售网络。

直销价与平台价也可以保持一致，特别是在淡季，当需求普遍小于供给时，可以将 OTA 平台价格调低，

因为到了淡季大家出行意愿降低，但是 OTA 平台仍有大量的精准客源需求。如果你的民宿降价，别的民宿价格还是和旺季一样，那你的综合竞争力就能获得相应提升，可以有效提升在淡季的入住率。价格一样的情况下，由客人选择在哪里定房，如果客人在自有渠道上定，这样民宿获得的利润也相对会高一些，如果选择在平台上定，也能获得平台相应的积分好评等。

但是要注意的是，千万不能出现价格倒挂的情况。如果民宿直销渠道（官网、电话、微信等）价格高于 OTA 平台价格，那么客人必然会流失到 OTA 平台预订，并对 OTA 平台有忠诚度，民宿主不仅损失了差价，还损失了本不需要缴纳的佣金，这样无异于自己给自己挖坑。提供给 OTA 平台的促销价，在民宿的直销渠道也要提供，一定不要因为价格上的不一致而使直销渠道的顾客流失。

应该和哪个 OTA 平台合作

有些人说，做民宿应该尽可能多地与 OTA 平台合作，但真的是越多越好吗？这其实是一个小马过河的故事，不同的民宿体量有不同的玩法。如果你只有一间民宿小院，甚至没有 PMS，那么老老实实发个朋友圈，再找一个或者几个主流 OTA 平台合作就可以了。因为，多渠道销售需要一定

- 155 -

的时间和精力，尤其是旺季或深夜订单，一旦没有及时管理房态，就有可能爆单，对于单体民宿而言，多渠道合作弊大于利。

但如果你的民宿规模比较大，也有专人负责 OTA 平台的运营，这时，你就可以选择和多家 OTA 平台合作。不要因某些 OTA 平台销量不高而不与它们合作，如果一个 OTA 平台一天能带来 1 个订单，一年就是 365 个，也是个不错的成绩。许多 OTA 平台都有专门的运营团队，会协助民宿工作人员提交资料，对于民宿来说，不需要花太多心思，管理好各平台房态即可。

另外，别忘了，与 OTA 平台合作最大的好处就是宣传曝光，每个 OTA 平台都有其独特的优势，与 OTA 平台合作得越多，民宿在网上的曝光越多，广告牌的作用也就越大。OTA 平台可以作为广告牌，起到引流、补充客源的作用。

借助平台流量，但不能过于依赖平台

看到这里，相信你已经懂得了 OTA 平台的基本规则和运营策略，但是懂平台规则还远远不够，能灵活运用平台的规则才是王道。高阶运营者知道不同的民宿阶段要使用不同的方法。比如，新店的运营方法和成熟的门店是不一样的；每家门店的地理位置、客源结构、定位等也决定了每家民宿的运营方法不尽相同。你要根据民宿实际情况，灵活地运用平台规则，多和同行交流来提升自己，不断精进自己的业务水平。

我们在前面一直强调 OTA 平台运营的重要性，但现在，我想跟你说：要借助平台流量，但不能过于依赖平台，OTA 平台是主要渠道，但不是你的唯一出路。在战术上我们要重视 OTA 平台，但在战略上我们要轻视它。民宿一定要掌握主动权，不能过分依赖 OTA 平台，尤其是定价权和库存分配权不要被其控制。

当民宿体现了自己的理念，加上第三方的合理运用，将两者有机地结合起来，完美地呈现给住客，使客人、民宿和 OTA 平台三方都能获得满意的服务和体验，让民宿和 OTA 平台无论在口碑还是在资金上都能互惠共赢，这才是我们所希望的结果。

在巴厘岛、清迈等旅游城市，OTA 市场的成熟程度高于国内，而且民宿业主和运营团队都具备前瞻性，就算再小的民宿也会有专门的销售人员。他们不仅要维护 OTA 平台的运营，也会重点负责渠道的工作，能够给予旅行社、公司机构、OTA 平台、散客等不同的价格体系，这是民宿销售赚钱的关键，我将在后面的章节中详细介绍。

8 流量

利用媒体提升 20%～30% 入住率

大隐于世·冬奥小镇·1号院

畅销书《疯传》中讲到一个口碑营销的STEPPS方法论:一个好的品牌,要有谈资,有触发器,有情绪,有实用价值,有公共性,还要有故事,这些因素相互作用,催生出了一个值得被传播出去的品牌。

"大家都说民宿是个有趣的生意,但没人告诉我,要命的流量从哪来。"

的确,流量就是商业的水源。没有流量,再强大的企业都会渴死。所有的企业,一直像在寻找沙漠里的水源一样,寻找着属于自己的"流量池"。

为什么有些商品能够一夜流行,而另一些却石沉大海?为什么有些民宿一跃成为知名品牌,全国的消费者慕名而来,而有些民宿开业后一直销量惨淡?时至今日,早已不再是"酒香不怕巷子深"的年代,营销和产品越来越像一枚硬币的两面,再好的产品也需要营销手段、媒体宣传的助力,才能最大限度地发挥品牌价值。

我们从选址、设计、施工到组建团队,每一步做得都非常到位，最后建在美丽的乡村里的民宿终于开了，这是一栋非常好看的民宿院落，如果你不对外宣传，单纯摆一个产品在这里招揽生意，想让消费者来住你的民宿，这样的概率几乎为零。正所谓慕名而来，一定是先有名气，才能引起注意。

如何让你的产品广为人知，这是一门"手艺"，也是一门技术。民宿除了要"是"它自身之外，还要增添独特的情感和意义。把用户和产品连接起来，让你的品牌在人们心目中落地生根，这是制胜的不二法门。

畅销书《疯传》中讲到一个 STEPPS 口碑营销的方法论：一个好的品牌，要有谈资，有触发器，有情绪，有实用价值，有公共性，还要有故事，这些因素相互作用，催生出了一个值得被传播出去的品牌。纵观整个社会，产品和思想的流行都是循序渐进的，民宿要想获得持续不断的流量，也注定要持续地进行营销推广。

一次完整的营销传播，应该完成从曝光到消费，甚至到口碑反馈，才算完成一次有效互动。对于做民宿来说，除了做好让用户"忍不住"发朋友圈的好产品之外，还要持续不断地做好内容，利用新媒体、传统媒体等多种渠道，围绕民宿内容做进一步的宣传推广，把品牌传播出去，通过民宿传递你所倡导的生活态度，让更多人了解你的民宿。在此过程中，最好能与用户建立良好的联系，还能让消费者参与其中，达到有效的口碑传播。

利用媒体进行品牌推广

首先，什么是媒体呢？媒体，即信息传播的载体，简单来说，但凡我们能够听到、能够看到、能够感知到的信息基本上都属于媒体传播的范畴。媒体要做的事情，其实就是提取民宿的关键要素，挖掘民宿的亮点，找到民宿的差异化，然后提取出来对其进行包装，通过媒体的方式宣传出去，借助媒体来增加品牌曝光，扩大品牌的知名度。

在广告圈里有一个非常经典的营销漏斗转化模型，先开一个大的流量入口，让流量层层流入，将潜在用户逐步变为你的客户，最终促成购买转化。其中，最关键的两个要素为营销的环节和相邻环节的转化率。我们要借助媒体渠道的力量，尽可能地增加品牌曝光度，扩大品牌知名度。再通过精细化运营，一步一步实现转化、留存，最终促成购买。

品牌宣传的目的除了促成购买之外，还有一个很关键的作用：占领用户的心智。通过品牌传播，拉近产品与潜在消费者之间的心理距离，在用户心里面埋下一颗种子，用时髦的话来讲就是"种草"。虽然有时一个潜在消费者喜欢一家民宿却不能立刻产生消费，但当他有度假、聚会、团建等需求的时候，能够第一时间想到你的民宿，然后顺利"拔草"。这样，我们品牌宣传的目的就达到了。

如今，我们日常接触比较多的媒体当属新媒体，但传统媒体也有着无可比拟的优势，它们有各自的特点和属性，我们可以利用不同渠道的特点，有针对性地进行传播推广，让不同渠道相互补充，共同实现品牌宣传和流量获取的目的。我们先从目前最主流、最有效的新媒体说起。

精耕细作新媒体

微信团队有一句slogan："再小的个体，也有自己的品牌。"在这样一个互联网时代，人人都是自媒体，我们每一个人都有自己的发声平台，每一个民宿也都有自己的一些推广路径。但在这样一个快速发展的时代，我们可以利用的自媒体平台非常多，摆在面前的就有上百个平台。

一个民宿要如何建立属于自己的媒体宣传矩阵，然后扩大自己的品牌影响力呢？这么多平台当中哪些平台是比较适合民宿推广的？在这些媒体平台当中，到底应该如何权衡，怎样去分配我们的时间和精力？怎么才能在这些平台上做好品牌推广，获取有效流量呢？

正所谓，知己知彼，百战不殆。做品牌推广之前，首先要了解每个平台的属性，平台的受众比较受欢迎的内容。基于这些做出判断，什么创意适合这里，能达成什么营销目的。利用这些平台的属性，再结合民宿自身的特点，打造属于民宿的媒体推广矩阵，来实现品牌的持续曝光，扩大品牌影响力。

比如，大隐于世民宿在延庆、怀柔地区经营着60余个精品民宿，私汤、泳池、别墅每一个都是吸睛亮点，是京郊度假的好去处，大隐于世客户群体大多数是80后、90后，女性用户

大隐于世·半山木喜的悠闲生活

偏多,主要有情侣、闺蜜、夫妻、朋友、家庭、个人、团体等。独立院落的民宿形式,也决定了民宿比较适合亲朋聚会,亲子度假、同学聚会、公司团建等。

消费者在预订民宿时,会首先在消费平台与舆论平台看看大家怎么说,看看KOL怎么说,看看民宿评价怎么样,然后再决定是否购买。所以,像目前非常主流的头部媒体,生活旅游类垂直平台,以及一些综合类自媒体,这些消费平台和舆论口碑平台,都是民宿应该发力的重点。经过长期实践和探索发现,目前,这3类自媒体比较适合做民宿推广,在这些平台建立与维护第三方的舆论口碑,对效果转化越来越重要。

首先是目前非常主流的头部媒体,简称"两微一抖一本书",即微信、微博、抖音和小红书,这些是大家日常生活中会经常用到的,你只有接触到用户,用户才有可能知道你。这些平台各有各的优势,多渠道联合推广往往能取得不错的效果,我们在这些头部自媒体渠道花费了80%的时间和精力,这部分内容下面会重点讲到。

其次是生活旅游类垂直平台,如携程、途家、马蜂窝、去哪儿、美团、大众点评等,这些平台上也有一些攻略、种草、生活方式等内容板块。此类平台上的用户有很强的出行意愿,对于住宿的需求也是刚性的,当人们有出行需求时,当周末或假日马上就要到来时,人们就会第一时间在OTA平台上进行搜索,找出心仪的去处和住所,查看一些旅游攻略,通过比较找出喜欢的民宿，然后直接在平台上下订单。这些平台上的用户和民宿的受众相互契合，也很精准。在这些平台上，发布民宿一些优秀的内容，融入一些周边景区景点攻略，往往能起到画龙点睛的作用，助推最终的购买。

还有一类是新闻资讯等综合类自媒体，头条号流量大，容易上手，百家号背靠百度，大鱼号背靠阿里，搜狐号搜索权重高……每一个平台都有一定的优势，刚开始做自媒体最好多注册一些，多尝试在不同平台发帖引流，摸索清楚这些平台的规则，有效地对民宿进行背书。当人们想进一步了解民宿的时候，有更丰富的内容展示给大家。其中，几个大平台最好先做，比如，头条号、搜狐号、百家号、大鱼号、一点号等。此外，以知乎为代表的问答社区用户质量高、流量大，也是很好的宣传渠道。

对于后面两类媒体渠道，大隐于世仅仅花费20%的时间和精力去做，不是说这些渠道不重要，而是因为在"两微一抖一本书"的运营过程中，已经产生了很多优质的内容，这个时候你只需要对内容稍做修改，符合此类平台的调性和规格，即可对外发布。重点关注的是标题和一些关键词，要尽量往你想吸引的目标群体上靠。

主抓"两微一抖一本书"

1. 微信

微信，对于民宿来说是一个很好的消费者沟通阵地。从消费者的角度来看，几乎人人都使用微信，没有打开软件的成本。从品牌端来看，微信能聚拢消费者且不被平台限流，可以拓展更多元化的服务，也能很好地和消费者之间建立良好的互动关系。微信公众号更像一个民宿的品牌官网，而且商业品牌在微信生态中不会被限流，仅此一点，就值得所有民宿认真思考如何用好微信。

虽然大多微信公众号都有很强的媒体属性，但请不要把民宿微信公众号单纯当成媒体，这一点非常重要。民宿主首要改变观念，我们做公众号的价值在于服务，为消费者提供有价值的内容，比如一些攻略、活动、某些特权或专属，等等。让内容更有行动力，给到用户价值，而不是向用户索取，比如在"大隐于世精品民宿"公众号后台回复"泳池"，即可快速找到心仪的泳池民宿。

消费者可以拒绝内容，但很少拒绝服务。将品牌原有消费者导流到微信上，通过品牌服务号或小程序进行用户沟通，将门店预订系统融入微信服务系统，打通线上与线下的路径。最终微信会成为线上会员中心，品牌有任何动作，都可以第一时间通知所有消费者。将消费者线上集中管理与服务，将极大提升品牌运转效率。

以消费者服务为核心，用好品牌微信，相信可以为很多民宿品牌增加更多消费者价值。在其他平台做品牌传播时，也建议把粉丝引导到公众号。并非其他平台对品牌没有用，而是不同平台有不同的用法，有的适合做传播，有的适合做服务。相比之下，微博、抖音、小红书则更适合做内容或话题传播。

2. 微博

微博也是大家经常在用的一款App，中国所有的娱乐话题几乎都在微博产生，同时还伴随着大量的有关吃喝玩乐的内容。微博的营销价值在于用户广泛，内容轻量，每逢周末和节假日，微博上都有去哪玩的话题讨论。那微博要怎么运营呢？分为官方与用户两个方面，官方要建立民宿自己的标签，做到持续更新，发布言之有物、精美的图文，能让消费者喜欢看。同时，用户端也要重视，更多的内容可以鼓励消费者和KOL发布，消费者与KOL信任背书的价值与力量，远远大过官方平台的日常更新。

3. 抖音

2020年初数据显示，每天有4亿人活跃在抖音，或创作，或观看。这是个拥有巨大引力的磁场，吸引大众在这个平台上聚集。4亿人在做什么？当前的流行歌曲、舞蹈、流行语，很多出自抖音，这是4亿用户每天投票出来的内容。抖音本身以内容为主，通过强大的算法和推荐机制，给用户匹配不同的内容，每天都在创造流行，比如大众的审美、价值观、流行消费等，这些内容在一定程度上反映了当代普通人的审美与价值观，也影响了当代年轻人的生活方式。

充分利用抖音平台的机器算法，你的内容也可以产生一定的爆点，以极快的速度使品牌火起来。民宿主要思考的问题是，如何进入这一内容生态圈，让自己的品牌成为大众喜爱的一部分，勾起人们对美好生活的向往。有些民宿利用绝美的景色，收获许多人的赞誉，有的人在拉开窗帘的瞬间，吸引了大家的目光，有的民宿里独特的老板娘文化让人向往，大隐于世也利用民宿改造前后的对比，收获了不少人的关注。

"花 80 万在京郊山里改造的院子，现在回头看依然觉得好有成就感"。先是大隐于世·半山木喜的视频播放量突破 200 万，在抖音上爆红。不久之后，鲁西西的院子比上次还要火爆，1 小时之内播放量破百万，最终超 2000 万人围观，80 万人点赞，这个长城脚下的网红民宿，让一大批粉丝蜂拥而至，很多人上来直接就要订房，聊合作的也很多。后期持续的运营更新，也让更多的人知道了大隐于世民宿，在民宿这个垂直领域获得极大的关注。

4. 小红书

小红书官方将自己定义为一个生活方式社区，但从商业价值的角度来看，这足以被称为一个"消费决策"平台，而且，小红书与民宿产品的用户画像非常匹配。据 2019 年官方发布的数据显示，小红书月活跃用户已超过 1 亿，从性别分布来看，女性用户占到了 85.78%，主要集中在一二线城市，沿海城市居多，25~35 岁的用户占到了 63%，这一年龄段的用户处于事业稳定期或上升期，消费能力相对较强。

女性用户更喜欢买买买，小红书平台每天曝光的笔记超过 30 亿次，产生许多爆款内容和商品，部分活跃的年轻人掌握了舆论话语权，也深深影响着用户的消费决策。没有明确购物目标的人，希望通过看别人在小红书上的购物经历来明确自己的购物目标。已有明确购买目标的，希望在小红书上了解商品评价、购买方式，确保自己买到的是满意的商品。还有的人买到了称心如意的商品后，希望在小红书上向别人推荐该款商品，积累自己的影响力，甚至成为一名 KOL。

比如一个女孩子想去某个民宿住，但是不知道环境好不好，住起来体验感如何，拍出来的照片是否好看。抑或，不知道去哪儿住。这些内容我们都可以在小红书上找到答案，如果结果是正向的，很可能在消费前起到决定性作用。

小红书直接为我们带来转化了吗？没有。但是它带来了间接的转化，这种以内容为主的转化方式可能是最有效的方式，是一种消费背书，需要等待一个量变到质变的过程。民宿产品的推广也不能急于求快，更重要的是持续，长远的社区内容沉淀作为消费背书，会为你带来源源不断的流量。

在这样一个平台上面，分享一些

传统媒体的优势不容忽略

人们的生活中经常接触到新媒体，而传统媒体似乎逐渐被遗忘，事实上，传统媒体有着新媒体无可比拟的优势。尽管新媒体的兴起挤压着传统媒体的市场，但仍有很多原创的新闻报道来自传统媒体，它的核心优势在于内容的生产力，传统媒体拥有专业化的新闻传播理念和运作机制，可以投入相当多的时间和精力进行更充分的采访、调研，从而做出更全面、更深刻的新闻报道。

而且，传统媒体经过长期的经营与发展，在受众中享有不同程度的知名度与影响力，其所具有的品牌效应是新媒体在短时间内所无法超越的优势。较为常见的传统媒体有报刊、广播、电视台等，这些媒体的支持可以提高民宿品牌的知名度和信誉度。

大隐于世小红书平台截图

民宿好看的照片，然后配上简单的文字，起一个简洁能引起人们注意的标题，巧妙使用一些符号来点缀，能起到非常好的效果。而且，小红书平台的内容留存度非常高，比如一年前发的优质笔记，仍然能获得不错的曝光，会有人持续不断地点赞、收藏和咨询，这些内容能够产生一定的复利效应，也能带来一定的消费转化。

传统媒体的品牌在受众中的信任度与吸引力，就宛如传媒市场中一块耀眼的金字招牌。这些传统媒体有一定的门槛，不像新媒体那样能够通过自己的努力去把它做大做强，但稀缺的资源才更有价值，你的民宿如果能上此类传统媒体，可以提高民宿的可信度，知名度也会有所提高。一篇专业杂志的民宿报道所带来的转化，也许比不上一篇阅读量10万+的文章，但通过他们生产的专业内容和渠道背书，会更容易让人信任你的民宿品牌。

大隐于世旗下"鲁西西的院子"在抖音超2000万人围观，超80万人点赞，2019年初成了大火的综艺节目《女儿们的恋爱》拍摄地，成功登上芒果TV，杜海涛和沈梦辰这对情侣和朋友们在这里聚会，节目中对于民宿全方位的展示，让许多年轻人爱上了这里，对"鲁西西的院子"充满了向往之情，期待着能住上明星同款民宿。

《女儿们的恋爱》第二季时，节目组也选择在大隐于世民宿进行拍摄，这一次，陈乔恩和艾伦来到了大隐于世·冬奥小镇·1号院。电视台的曝光，让大隐于世民宿受到了极大的关注，直至今日，还能在网上看到有人说，"这不就是《女儿们的恋爱》同款民宿嘛。"

2019年秋，由央视综艺频道和央视网联合出品，由尼格买提担任制作人的节目《你好生活》，来到了大隐于世·冬奥小镇·瞻院，一起来的还有撒贝宁、孙艺洲、董力等大咖。撒贝宁还专门带了望远镜来观星，他一边调试望远镜一边感叹道："望远镜买回来平时没有机会使用它，这次难得

沈梦辰《女儿们的恋爱》微博截图

沈梦辰在《女儿们的恋爱》节目中的采访截图

清闲的时光,可以在这么惬意自在的地方,观星赏月,真是美哉!"在满天繁星下,朋友间畅谈往事,聊起了各自的少年梦,聊起了心中的小王子。

他们在民宿里的生活被记录下来,有欢笑、有思考、有烟火气!堪称"央视版向往的生活",在CCTV-3一经播出就吸引了很多人的注意,央视综艺为什么会选择在大隐于世精品民宿来体验生活呢?到底是什么让嘉宾赞不绝口?也许只有待你走进大隐于世,才能寻找到答案吧。(在"大隐于世精品民宿"公众号后台回复"你好生活",即可观看各位大咖在民宿里的生活。)

除此之外,安徽卫视《民宿里的中国》也对大隐于世给予了相当高的评价。法国大厨安闹闹与妻儿一同来到了大隐于世·冬奥小镇,他们要在两天两夜的旅程中,品尝当地特色美食,体验淳朴的乡村生活,走进当地菜园子采摘新鲜的蔬菜。作为一名大厨,安闹闹利用民宿里设备齐全的厨房,还为民宿的工作人员准备一桌丰盛的中法美食,来表达他对这段美好生活的感恩和热爱。

央视主持人尼格买提与大隐于世团队的合影

这些传统媒体宣传效果很好，我们该怎么去和它建立联系呢？首先，我们必须承认，这些传统媒体的确相对较少，但它们也并非无法接触到。假如你本身就是媒体人，或者有朋友在媒体圈里，拥有这方面的资源当然是最好的。对于没有资源的人来说，应该做些什么？

近几年，慢综艺类节目尤其流行，许多电视台也有制作慢综艺类节目的需求，我们可以主动留意慢综艺类节目信息，如果你觉得这个节目和民宿的感觉很搭，可以试着主动联系节目组，介绍民宿的优势和特色，让对方觉得来你的民宿是一个很好的选择。不要觉得这种方式没用，央视节目《你好生活》就是这样争取到的。

与此同时，节目组也会在拍摄前选择合适的地方，他们更关心的是民宿的场地和拍摄呈现出来的视觉效果。因为民宿的景致好看，环境比较私密，因此成了许多节目组的选择。他们在挑选民宿的时候，也会像普通消费者一样，主动通过媒体渠道看攻略、看评价、筛选民宿，然后再做进一步的考察，如果符合他们的拍摄预期，就可以进一步合作了。

如果有一个节目在民宿进行了拍摄宣传，播出后收视效果好的话，第

安徽卫视《民宿里的中国》海报

二季还可以继续合作,比如《女儿们的恋爱》第一季和第二季都来到了大隐于世民宿。同时,媒体和媒体之间也有着密切的联系,也会相互推荐,在传媒这个圈子里广为流传。

除了电视节目外,报纸、杂志等传统媒体也是如此,只是展示方式不同,一种是以视频为主,另一种是以图文为主,文字的传播更容易让人联想,也能起到很好的宣传作用。

有句话讲得很好:"改变你能改变的,接受你不能改变的。"我们可以主动联系,也可以通过以上所说的自媒体渠道,尽可能多地对民宿进行宣传,主动拥抱媒体,展示民宿美好的一面,让更多的人看到,获得更多的流量。

好的内容是流量的基础

媒体的存在使得信息传播的渠道不断地拓宽,随之而来,对内容的需求也相应加大。因此,民宿也要紧抓"内容"这一块,不断开发优质的原创性内容,保持自己的鲜明特色,掌握民宿对外的话语权。

内容和流量是互补的,以好的内容为基础,能获取更多、更有效的流量。以好的内容为导向,打造可持续的品牌形象,始终朝着一个方向创新,与大众达成品牌共识,也将带来更大的长尾流量。

一个品牌的内容发布出来,将永远被记录在互联网上,供人们随时查看,其不同之处在于,有的内容不易过时,将不断被人浏览关注,有的则无人问津。经典的内容会长期产生流量,民宿应该重点考虑这部分内容,而不是短期获取的流量。

举例来说,一篇完整的民宿介绍、一篇民宿周边的攻略、一篇民宿主人的故事,等等,这些内容并非服务于短期流量,而是对长期流量、品牌历史负责。一个品牌做过什么,就是它面对大众的"简历"。在民宿的成长过程中,总会有一些重要的内容和事件值得被记录,成为民宿发展的里程碑,这些内容和事件的叠加,就是民宿本身。做民宿就是要产出优质的原创性内容，保持民宿自身的鲜明特色，传递所倡导的生活理念。

不同的平台有不同的内容属性，内容形式也更加多样化，对于民宿来说，经常用到的有以图文为主的微信公众号长文章，有以分享形式的小红书短文案，还有以视频内容为载体的抖音平台……内容形式虽有些差异，但好内容的底层逻辑都是一样的，人们始终向往着美好的生活，喜欢追求美好的事物，喜欢看有意思的文字，喜欢看美丽的照片。可以通过讲故事、晒美图等方式，建立属于民宿自身的一套较为完整的内容生态系统。

内容的底层逻辑

认知科学家斯蒂芬·平克曾对写作的本质做过一个描述，这个描述被很多人引用，他是这么说的：写作之难，在于把网状的思考用树状结构体现在线性展开的语句里。也就是说，写作是把你脑子中非线性的想法，线性地展开给读者的过程。

如今，人们的阅读习惯有了很大的改变，在手机屏幕上进行阅读，是当下最主流的阅读场景。在这种情况下，读者的注意力更容易被分散，耐心也更少，一个读者给你的时间可能只有几秒钟。这时候写东西，就不仅仅是把一件事说清楚就可以了，如何抓住读者的注意力，如何设计这个线性展开的过程，其实是很讲究技巧的。

《文案训练手册》里讲了一个著名的"滑梯效应"。每个读者在接收信息的时候，都会产生一股心流，阅读就像读者在游乐场里玩滑梯，从最高处往下滑的过程。当你写文章的时候，不仅要建一个足够高、足够长的滑梯，还要把整个滑梯，甚至扶手都涂上润滑油，减少行进的阻力，让人一旦开始滑，想停都停不下来。

以公众号为例，一篇文章里面所有的元素都必须产生滑梯效应。一篇文章的标题、首图以及摘要部分是否能抓住读者的注意力，是读者决定要不要点击进去的一个非常重要的元素。当读者对你的话题感兴趣，他们会点进来看，你一定要让他们能快速且顺利地知道你在讲什么。读者没有兴趣长时间深入地探索你写的这篇文章到底要讲什么，你到底讲了一个什么样的故事，想传达一种什么样的态度。

文章的整体视觉效果舒服，第一句话、第二句话能够吸引读者继续往下读，包括文中的一些插图，甚至是图片下面的图注部分，这些都是一篇优秀文案里必需的元素，来确保这是一种非常完整、流畅的用户体验。同时，你要明白，商家、媒体、App 随时都在抢占读者的注意力，内容一旦产生阻力，或在某一个环节遇到坎坷，不能继续吸引他们，他们就会马上关掉。

实际上，我们要做的，就是在一篇文章中，通过各个环节的设计留住读者的注意力。因此，在制作内容时，标题的设计要抓住读者的注意力，标题图的选择要有足够的吸引力，使读者愿意继续阅读你的副标题，副标题同样很引人注意，读者就会点击文章，开始阅读第一句、第二句，花费更多的时间。读者即潜在的顾客，顾客在你身上花费的时间越长，他们就越相信你的民宿，更喜欢你的民宿，他们会和你产生共鸣，并且更愿意为你买单。

除了巧妙利用"滑梯效应"引人入胜之外，还有哪些技巧可以呈现出更好的内容呢？针对民宿而言，我提供了两种最有效的方法，一种方法是讲故事，另一种方法是巧用 3B 原则。

1. 讲故事

我们先来看第一种方法：讲故事。一般人认为，喜欢听故事是孩子们的特点，事实上，成人和孩子们一样对故事很敏感。爱听故事是人的天性，正因如此，希腊神话、伊索寓言千百年来一直能流传下来，同理，充满故事的心灵鸡汤才会如此流行。人们往往会怀疑一个理论，但很少会苛责一个故事，讲故事是永远不会过时的一种交流方式。

人类的大脑似乎很偏爱故事，有研究者认为，故事有一种心理学优势，即在记忆系统中，故事与其他类型的内容会得到不同的处理，并且故事更容易被记住。在某种程度上，故事是最接近人类早期思维的一种方式，我们通常也是以这种方式思考的，所以记忆起来比较容易。

例如，听音乐时，如果只看歌词，一般人只能听出歌曲的节奏，但却很难产生更深层次的共鸣。因此，有许多歌手在发行音乐时，也会配上非常具有故事性的 MV。有些人为了爱情放弃了之前一直坚持的梦想，有些人在毕业几年后又重聚，为了梦想而奋斗的励志故事……这些带有故事情节的 MV 就是一部特别的微电影，看完 MV 之后再听音乐，感触是非常深的，有的人甚至在看到触动自己的 MV 之后，还会感动得热泪盈眶。

对于民宿而言，其实也是如此。民宿很好看，装修有特色，也很讨人喜欢，每个人都能欣赏到民宿之美，但普通消费者很难对民宿有一个很清晰的记忆。在民宿里，我们需要再深入地探索，赋予它一些有灵魂、有温度、有人情味的故事。

那么，我们该如何给读者讲故事呢？其实并不难。

首先，要开好头，我认为最好用的办法，就是直接交代时间、地点、人物。我们小时候都听过一个故事的开头，"很久很久以前，有一座山，山上住着一个……"短短的十几个字，就把一个孩子想要听故事的欲望完全给打开了。其实对于成人也一样。首先交代时间、地点、人物，最符合人们对一个故事的预期，因为千百年来，人们就是这么讲故事的。

其次，我们应该讲谁的故事？自己的故事还是别人的故事？我的建议是讲民宿老板的故事，讲民宿主的故事也比较好。在讲故事之前，要找到一个合适的切入点，这个切入点可以有一定的话题性。

大隐于世在民宿的推广过程中，就将大隐于世的创始人张海超和刘佳这样的80后夫妇形象进行包装。首先，他们俩的故事本身就很丰富，白手起家，周游世界，姐弟恋，都是充满激情的白羊座……每一个方面都可以写得非常精彩，我们该从哪方面切入呢？如果细心观察，你会发现，很多热播的偶像剧利用姐弟恋制造话题，观众也喜欢看这类节目，很想知道最后的结局是怎样的。最终，经过权衡分析，我们决定从最能引起大家关注的社会性话题——姐弟恋开始讲述。

于是就有了大家都知道的故事：佳佳比海超大4岁，他们不顾家人和朋友的反对在一起，并暗自下定决心，越是不被看好，越要证明自己。好在都是白羊座的他们三观一致，也都很有主见，他们白手起家，一起创业，一起周游世界，期间也失败过，迷茫过……最后，他们一起逃离城市来到老家做民宿。慢慢地，随着秘境小院的成熟运营，海超和佳佳决定将大隐于世作为后半生奋斗的事业。（在"大隐于世精品民宿"公众号后台回复"故事"，即可倾听大隐于世创业的故事。）

这对80后夫妻一起创业做民宿的故事发出去之后，引起了广泛的讨论，也引起了许多人的共鸣。大家对这对夫妻充满了敬意和祝福，希望他们两个人能非常幸福地一直走下去。

有时候,一些客人来到大隐于世遇到海超和佳佳,会主动过来打招呼:"你们就是佳佳和海超吗?你俩的故事我看了,觉得你俩都特别好,我也很喜欢你们做的民宿,所以,就带着朋友来玩了。"

后来,大隐于世的几位员工谈到自己当初为什么选择加入该公司时说:"我以前看过两位创始人的故事,他们都很有个人魅力,活出了我想要的样子,如果能和这样的老板一起做事,一定是件特别好的事情。"可以说,讲好一个故事,会为你带来意想不到的事情。

大隐于世创始人张海超和刘佳

其三,故事情节是故事的主体,但是对于情节的描述不只是简单地叙述故事的发展,还要加入大量的细节,描写人物的情感,这样的故事才能有血有肉。如果脍炙人口的《卖火柴的小女孩》的故事这样写道:"以前有个小女孩儿在街上卖火柴,后来她冻死了。"那么,它就不会成为一个真正意义上的伟大作品。我们试着加入细节和情节之后,就变成了:"从前有一个小女孩,在圣诞夜的大街上卖火柴,她又冻又饿又困,不小心睡着了,她梦到了火炉旁冒着热气的烤鸡,梦到了去世的奶奶。第二天早上,她被人们发现的时候,脸上带着微笑,她死了。"你看,加入丰富的细节和情节描写之后,故事就变得生动了许多。

我们讲到大隐于世的故事时:"有一对80后夫妻逃离城市,在老家盖房子做起了民宿,后来大隐于世民宿成了帝都的后花园。"没错,这就是大隐于世的故事。但是,如果这么平铺直叙的话,它很难引起人们的共鸣,这样的故事实在是太多了,为什么他们做成了?期间有哪些有意思的事情?一些细节的描写刻画往往最能打动人心。在创作过程中,把读者带入你的逻辑中,让读者跟随你的故事一起思考，如果能做到这一点，说服对方也就不是难事了。

你想要读者从头到尾把你的文章看完，并使他有分享的冲动？做到这一点需要再下点功夫。讲好故事的同时，在表达的时候也要注意克制，切忌长篇大论，千万不要挑战读者的耐心。如果读者看了前三段，或者说他看了手机屏幕的前两屏，还不知道你想表达什么，那么你这篇文章基本上就没戏了。

为了做到表达克制，要注意结构上的紧凑，比如讲一件事情，不要拖得太长，要干脆、果断、痛快；另外，要注意措辞语句上的精练，你要学会用精辟、贴切、最能够直击人心的词句去表达一个东西或一种情绪。一句话能说清楚的，就不要用两句话，口语能说清楚的，就不要掉书袋。简约美，是文理相通的点，解答数学问题，论证步骤少，总是更美。冗长、颠三倒四，点缀再多形容词，都是思维不清晰、沟通效率不高的体现。与此同时，在写一篇文章的时候，也需要时不时抛出一个刺激点，增强读者的阅读兴趣，减轻阅读的疲乏感。

其实，不管你的主人公是谁，读者最关心的其实并不是这个人本身怎么样，读者最关心的是，你写的东西和自己有什么关系。当我们在塑造一个让读者有代入感的形象，在讲述一个自己的亲身经历时，更多的是想引发读者的共鸣，替读者表达他们自己，通过一个故事帮他们说出内心想说的话。

所以，在讲故事的时候加一些金句刺激，也是一种很好用的行文套路。好的故事之所以让人印象深刻，不仅是因为故事本身好看，还因为它启发了一个深刻的道理。当读者读完你的故事之后，你适时抛出一个"高能观点"，替读者把故事后面的道理说出来，这时就会给人一种很走心的感觉。

比如，在让大家更了解大隐于世·冬奥小镇（设计师系列民宿）时，在故事快结束的时候，我们可以说："每一个设计师设计出来的作品可能外表不一样，但内在的灵魂还是一样的。大隐于世想把冬奥小镇做成一个建筑集群，让不同的客人可以在这里找到各自喜欢的院子。就像每个人喜欢的颜色都不一样，在冬奥小镇，客人可以选择自己最中意的那一个。"这样一来，故事就变得很有说服力，让人更加向往。你概括提炼出来的那些精辟的语句，往往也会给读者带来强烈的冲击感，当读者忘记了整篇文章时,那些给他留下深刻印象的金句还会留在他的脑海里。

讲好一个故事,可以说经过训练后每个人都能通过,大可不必担心。按照规律来,先把一句话写好,再把一件事说清楚,最后再论述一个观点。能搭好框架,基本就及格了。再增加一点丰富的细节,或有自己独特的表达,让读者眼前一亮,自然就更具魅力了。

除了讲好一个故事外,我们还应让故事连续不断地讲下去。生活在持续进行,民宿主的生活也在发生着变化,一个角色是立体的,不是一个故事就能讲述清楚的。我们可以把民宿主打造为民宿 IP,与民宿本身联系起来,让他们时不时地出现在大家面前与大家分享生活,通过他们的视角,表达民宿想传达的生活态度。

比如,趁着结婚纪念日,可以在民宿举办一场纪念日活动,谈谈他们的恋爱故事和爱情观,也展现一下民宿的风采,让客人知道在民宿里可以过上有仪式感的生活;趁着年底,可以做一次盘点,借此机会聊聊民宿这一年的成就和下一年的打算,同时,

张海超和刘佳和朋友们在秘境小院聚会

给大家送去最诚挚的祝福……他们关于生活、爱情、友情的思考，在这类话题上，也可以和用户产生一定的互动。（在"大隐于世精品民宿"公众号后台回复"朋友"，即可倾听佳佳对朋友的解读。）

就像和朋友聊天那样，用真诚的语言讲述他们的故事，讲述他们和民宿之间的故事。一次次真诚的表达，很容易拉近人与人之间的距离。一段时间不出现，大家可能还会有点想念，就像你会关心一个很久没有联系的朋友，想知道他最近的生活状态，想知道他最近过得怎么样。

用讲故事的方式和用户聊天，可以让人们更了解你的民宿产品，容易引起用户的兴趣，当他看到一个好故事时，很容易把自己代入进去，可以对民宿产生非常清晰的认识，在他心中，你的民宿变得更加立体，那个时候，民宿就不再是一栋冷冰冰的房子，而是一个温暖的家。

2. 巧用 3B 原则

正所谓，爱美之心人皆有之。人总是渴望美好的东西，我们在买东西的时候就会非常在意东西的颜值，对内容也是如此，除了吸引人的内容之外，精美的图片，看起来舒服的版面，也会让人更赏心悦目。

小朋友在大隐于世·净隐南山过新年

一方面，我们通过讲故事的方式，让内容更具吸引力；另一方面，我们也要给内容"化个妆"，通过简单的排版，让内容从视觉效果上来看就是个精致的"小姑娘"，第一眼看上去很舒服，大家才会更愿意往下看。好的产品可以通过"美文＋美图"的内容形式，图文并茂地展示民宿的生活美学。这时，我们也可以巧用3B原则，让内容变得更具吸引力。

我们所说的3B原则，是广告大师大卫·奥格威以广告创意为切入点提出的，Beauty是美女，Beast是动物，Baby是宝宝，统称为3B原则。不管是性感美女、可爱的动物，还是纯真的婴儿，它们都是很好的视觉元素，利用它们来吸引观众的注意，可以让人在悄然中熟悉你的民宿，而且，这些美的元素可以让人们产生连带的审美效果，让人在无意间爱屋及乌，从而达到民宿宣传的目的。

人们常说：一张图片胜过千言万语。在注意力争夺战的浪潮中，Beauty、Beast与Baby是广告创意中的有力武器。虽然3B原则不适用于所有的产品，但优美的民宿环境和美好事物之间有着天然的联系，美女、萌宠、小孩在民宿这样的环境中，能够碰撞出意想不到的效果。美好的事物＋美好的民宿，能产生1+1＞2的效果，3B原则符合人类的天性，很容易吸引消费者的注意力和喜爱。对于民宿来说，将3B的图片符号运用得当，产品将会拥有良好的宣传效果，这可是一项屡试不爽的黄金法则。

（1）Beauty

随着"她经济时代"的到来，现代女性是时尚消费的追随者乃至引领者，很多女性成为家庭消费主要决策者。在旅游住宿领域，民宿的消费场景在不断扩大，女性逐渐成为消费主力军。从为了出行订民宿到为了民宿而出行，住宿的动力也在发生变化。有许多民宿都非常适合拍照，在朋友圈晒图，以其独特的颜值和个性吸引不少女性进行预订体验。

而且，新时代的女性很容易被身边各种KOL影响，对于网红的敏感度和接受度也更高，容易被"种草"。一位美女来到民宿，体验一番，期间拍下了很好看的照片，随手发到社交平台上，会引起不少爱美人士的关注。并且每一个Beauty都会有自己不同的审美，可以挖掘出新的特色点，以高颜值为标准，分享真实的民宿体验，能从多个角度演绎民宿之美。

用女性特有的形象美来强化视觉冲击力，吸引大家的注意力，进而增加受众对它的熟知度,会让人在无意间充满向往。这些美图放在内容里,可以起到同样的效果。不少中产女性用户完全是为了拍照打卡而入住,出现了一波网红民宿的潮流。探寻这些民宿创意的背后,其实更多的是与用户在情感层面上产生共鸣和互动,在这一过程中,消费者也能得到极大的满足。

客人在大隐于世·净隐南山和宠物玩耍

(2) Beast

动物符号在广告中指的是对大自然的亲近感,Beast 是一种具有特殊意义的符号。经过漫长的历史发展,人类与动物形成了一种亲密的关系,宠物已经成为人们社会生活中不可缺少的一部分。

许多允许带宠物的民宿都很受欢迎,看到这些萌萌的宠物就可以得到放松,有的民宿还会养上几只小猫小狗,这些可爱的小动物竟还成了民宿的代言人,很多客人来到民宿都会跟民宿的宠物玩耍拍照。将 Beast 和民宿联系在一起,能够很好地消除民宿与受众之间的隔阂,创造独特的视觉效果,最大限度地吸引消费者。

(3) Baby

Baby 象征着生命的活力,除了美女、动物符号之外,孩子们的天真无邪最让人毫无防备,最能触动自己内心的那根弦。

许多有孩子的家庭出来玩,首先考虑的是孩子的需要能否得到满足,孩子能否在这里玩得开心,是否喜欢这里。巧妙地运用 Baby 符号,可以唤起消费者对民宿的喜爱。在众多的广告中,Baby 依靠其特有的特点"萌"来吸引观众的注意力,可爱的儿童形象,能直接影响人们的视觉心理,引起儿童的关注和喜爱，进而影响母亲的购买行为。

那么，怎样才能获取Beauty、Beast与Baby这些美好的内容？首先，要注重平日素材的积累，客人分享的民宿美照，可以主动问一下是否可以授权民宿使用；其次，没事的时候，可以让一位擅长摄影的店员，拿起相机，拍摄一些素材，记录下美好的瞬间。

与此同时，还有一种有效的方法，民宿主也可以提供一些平日的免费住宿名额，通过招募的形式，找到一些爱生活、爱时尚、爱交流、喜欢在社交网络上分享美好生活的KOL。请他们来体验民宿，拍几张好看的照片，拍一段美丽的视频，写一篇民宿攻略，分享到各种媒体平台。作为置换，你在得到宣传曝光的同时，也可以得到达人拍摄的美的内容，收获一些美好的符号，以便日后多次使用。这样一来，美好的事物源于生活又高于生活，而且极富创造性，用多样化的内容吸引群众的兴趣，能合乎时宜地把握住人们的注意力。

看到这儿，也许有人会问，我没有故事，文笔也不好，明白了这些道理，还是过不了难关。第一，每一个人都是独一无二的，每一个人的成长轨迹、做民宿的初衷等各不相同，用心挖掘总会发现自己独特的魅力，总会让一些人产生共鸣。另外，好的内容和文笔关系不大，不是说辞藻华丽的文案就是好文案，关键是要做到诚恳，真诚往往最能打动人心。思考当你和朋友聊天的时候你会怎么说，你也可以把客户当作朋友，用简单的语言组织好你的故事。

第二，在内容被创造之前，可以进行内容预热。就像在健身之前，教练会让你做一些热身运动，让下一步动作更流畅，激活你体内的细胞。写作前，我们还可以做一定的内容预热，多看一些好的内容，让自己进入创作的"心流"状态，看到喜欢的内容就可以观察一下它的内容结构，对它进行借鉴模仿，沉浸在写作的环境中，让自己的思想慢慢地显现出来。在写完全部内容后，再统一对它进行优化，你要知道，好的内容都是经过修改的。

事实上，无论是传统的图文，还是当今热门的视频，其内容逻辑都是一样的，只是表现形式不同而已。图片、视频一样遵循"滑梯效应"，可以利用故事让内容更容易引起共鸣，可以巧用"3B原则"让内容更美。

做好流量沉淀

我们制作优质的内容，利用媒体进行宣传推广，一方面是品牌宣传，另一方面是在吸引眼球的同时促进流量的转化。做品牌和做营销虽然是两个目的，但二者之间相辅相成、相得益彰。

建立品牌是一个长期的目标，像Nike的slogan已经使用了30年，而且还打算继续使用它。做淘宝直播卖货、做社群裂变等都是做营销。虽然品牌和营销的侧重点不同，但没有谁高谁低，也并不矛盾。重点是可以通过品牌营销获取流量，建立民宿流量池。

民宿业态本身是产品，需要通过营销策略以及方式方法进行推广，让更多的人了解并来体验入住，才能盈利。与此同时，民宿也超越了产品的形态，提供了一种独特的生活方式，以及主人通过民宿传递出的一种生活态度，进而吸引消费者的向往和体验。要重视民宿的产品属性，更要强调一种生活态度，这是做民宿的关键。

例如，大隐于世民宿既做品牌，又做市场营销，这两者可以一起做。

我们的预算一般是3∶7的比例，拿出三成的预算做品牌，在一个方向上持续做，一个长期、持续的内容输出，会让消费者第一时间注意到我们。其余七成预算用于营销，为销量负责，为营收负责。品牌和营销就像一个人的两条腿，共同把产品带到大家面前。只要想清楚目的，事情就好办，最怕没想清楚，既要情怀又要销量，就四不像了。做民宿，一定要理清楚这个概念，不要掉入"既要又要"的陷阱。

经过媒体的宣传和好内容的加持，已经有越来越多的人了解大隐于世的民宿，随着民宿的稳步发展，也积累了一些客户，这些到手的客户必须做好沉淀，把感兴趣的客人转变为计划入住的客人，把计划入住的客户变成已入住的客人，把住过一次的客人变成多次复购的朋友，这样一来，民宿流量池就会慢慢形成。

设置转化路径

前面已经提到了，在进行品牌宣传时，更建议把流量集中留存在微信，把微信公众号作为民宿的微官网。

无论客人在哪个平台接触到民宿的信息，如果想进一步了解，都会习惯性地打开微信，搜索该民宿的微信公众号，通过这个微官网对民宿做一个系统的了解，如果符合自己心中的期望，大概率可以实现消费转化，这样一来，整个过程的体验流畅性以及转化路径的设置就显得至关重要。

此时，你可以想象一下，将自己看作一个陌生用户，你对某个民宿感兴趣，想要更深入地了解，在找到了这个民宿公众号后，整个过程的体验是什么样的？是不是想关注一下，看看官网上的历史信息，菜单栏的内容，看看有没有更详细的攻略和丰富的内容？这些内容能否解答你的疑惑，让你更加向往？

其中各个模块的设置，也要遵循好内容的标准，每个环节之间相互关联、相互补充，你要看这个平台上的设计是否能够激发客户下单的欲望，有没有直接预订和咨询的窗口，能否给予客户快速的响应。确保每一个环节都能抓住他的注意力，设定好留存和转化的路径，最好能够让他在微信公众号上面直接实现下单。

在公众号上，基本以内容为载体进行传播，一篇文章能同时与数万或数百万人进行对话，通过文章的方式与读者进行信息互动，能让他对民宿有一个很全面的了解，这是一个很好的传播途径。其中，好的内容就是基础，我们不仅要讲好故事，让内容好看、接地气，而且要不断创造出有价值的内容，使顾客能有所收获，能给顾客一些很有价值的内容。民宿不只是住宿，更代表着一种生活方式，我们以民宿为主体进行内容搭建，深度挖掘与之相关的内容，探索在地文化，民宿还可以联动周边景区等，把吃喝玩乐都融合进去，为客户提供更多的选择。

同时，我们可以通过文章、菜单栏、关键词、消息回复等多个板块，留下民宿客服的联系方式和二维码，一方面，我们可以第一时间响应客人的需求，另一方面，我们也可以获取客户的电话和微信，在直接与客人建立联系的同时，能够更好、更便捷地为客人提供服务，可以灵活调整销售策略，还可以为客人定做个性化服务，让客人的度假更加舒适、惬意。

打造私域流量

任何生意的本质其实都是流量，没有流量就没有成交量。我们从各个媒体平台吸引到的流量，一定要做好留存。有研究表明，吸引1个新客户的成本是保留现客户的5倍，民宿可以做好私域流量，维护好辛辛苦苦赚来的流量，建立自己的流量池。

什么是私域流量？百度百科上是这样解释的：私域流量是相对于公域流量来说的，是指不用付费，可以在任意时间、任意频次、直接触达到用户的渠道，比如自媒体、微信号、用户群等，也就是KOC（关键意见消费者）可辐射到的圈层。

在品牌营销领域总会时不时出现一些时髦的名词，但千万不要被这些名词唬住，它们本质上讲的都是一件事，即维系好和客户之间的关系。对于民宿来说，你可以简单地将其理解为以微信为核心的流量，我们在前面提到过，在进行营销推广的同时，建议将客户引到微信，与客户成为朋友，这样一来，就不仅仅是单方面的广告曝光，还具有一定的社交属性，可以和客户有良好的互动关系。

如今，也许有很多人不愿打开公众号，更不愿浏览短信，但朋友圈的打开率高达85%，据统计，一个人平均每天会刷7次朋友圈。假如在一个有5000个好友的微信上，发了一条动态，有80%的人看到了这个内容，就相当于你的内容获得了4000次曝光。有人打了一个有趣的比方说：一个拥有5000个精准客户的微信号，相当于一座商业综合体，发一条朋友圈，相当于发了4000张宣传单页。运营维护好一个微信，借此打造私域流量，可以说是一种简单直接而又高效的运营方式。

一个微信上的人群非常精准，发朋友圈是最能够直接触动目标用户的，而且打动人的话，还可以进行二次传播。但很多人在发朋友圈的时候会走入误区，经常转发文章链接，几

利用微信打造私域流量

一个微信号 = 一个商业综合体

一个朋友圈 = 4000张单页

乎都是产品广告，符号满天飞，自嗨炫耀，花里胡哨，没有个人生活展示，也没有价值输出，更没有客户反馈和成功案例来吊客户胃口……这样发朋友圈只会适得其反，甚至还不如不发。

那么，发什么样的朋友圈才有高黏性呢？比如一些民宿日常，院子的最新动态，真诚一点，有趣一点，穿插个人生活动态，晒成交截图，晒客人好评，最关键的是配图一定要好看！另外，寻求小帮助也会增加互动感，往往会有意想不到的效果。这些内容展示，能让大家知道你不是一个只会发广告的机器，而是个有血、有肉、有感情的人，这样一来，你和客户之间的关系才能够有进一步的发展。

促进口碑传播

企业都正面临着一个新的营销时代：信息传播不再是单向的自上而下，而是变成了多点对多点的立体网状结构。每个人都能自由地传递信息，也能听到任何你想听到的声音。每个人都是独立的"自媒体"，人与人之间的交流不再局限于一对一，而是变成了群体对群体，每个人的言行都可能对整个体系产生深远的影响。

传统的流量模型都是"倒三角"模型。先开一个大的流量入口，最终促成转化。那么，有没有一种可能，流量不是越流越少，而是越流越多呢？有的。那就是：忍不住。用户"忍不住"主动分享，是通向广袤的"流量的蓝海"那条最秘密的通道。

著名产品人梁宁老师曾说："品牌，就是你愿意和它自拍。说白了，就是能和用户建立起真实的社会互动。你能和多少人建立起真实的社会关系互动，你的品牌就会有多大。"为什么你去一家网红店，想要拍照发朋友圈呢？因为这家店里一定有些东西是你认同的，获得了你的共鸣，捕捉到了你自我表达的需求，所以你会帮它去做传播。

假如1位用户，因为住了你那令人惊艳的民宿，体验到了久违的安逸，和朋友们在一起玩得很开心，"忍不住"分享到朋友圈，会发生什么？他朋友圈里2000位朋友会看到。这2000位朋友中，20人在他影响下也预订了你家的民宿，确实惊艳，其中2人"忍不住"分享朋友圈……就这样，1流向2，2流向4，4流向8……流量就像正三角一样，开了个喇叭口，越来越多。当然，这些"忍不住"的前提是产品好，是民宿带来的美好体验，颜值高、有逼格，让用户乐于分享。

前面我们通过做好内容，利用新媒体和传统媒体提升品牌知名度，通过极致运营，以最低的损耗，让流量平滑地流入流量池，留下宝贵的火种。那接下来呢？必须鼓励他们分享，顾客的分享才是品牌传播的重要途径，这是最核心的。低流失，高分享，是通往流量池之路。低流失，让尽可能多的流量在倒三角模式下流向购买；高分享，让尽可能多的流量在正三角模式下流向购买。让人忍不住发朋友圈，忍不住推荐，这才是流量池越来越大、传播成本最低的方式。

例如，目前大隐于世民宿已经成为京郊知名民宿品牌，私汤、泳池、别墅每一个都是吸睛亮点，是京郊度假的好去处，特别适合亲朋聚会、亲子度假、同学聚会、公司团建等。大隐于世的直客占60%~70%，复购率也很高，究其根本，是产品设计和营销策略的叠加效应。

一方面是"产品美"，大隐于世每个民宿都是独一无二的，田园风农家小院，ins风泳池民宿，华丽浪漫别墅屋，极简风特色民宿，不同风格可以带来不同的生活体验，并且每个院子都有适合拍照打卡的元素，客人可以在各个角度拍出美美的照片。美好的事物总是能够引起人们的兴趣，客人在院子里拍的照片激起更多朋友

大隐于世·净隐南山吸引无数客人前来打卡

的关注，以客带客的传播效果特别好，起到了连带销售的作用。

另一方面是"内容美"，我们通过以微信公众号为核心渠道，以微博、抖音、小红书、OTA内容社区为辅助渠道，通过有吸引力的内容进行宣传和市场推广，打造属于大隐于世品牌矩阵。好的产品再配以"美图+美文"的内容形式，图文并茂地展示大隐于世的民宿生活美学。通过新媒体和传统媒体的联合宣传推广，让更多的人知道大隐于世，了解大隐于世，让大隐于世成为城市人在乡村的家。

通过宣传推广，不仅带来了目标客户的转化，同时也积累了全网几十万粉丝，仅抖音平台"大隐于世－鲁西西"就积累了近二十万粉丝。旗下"鲁西西的院子"抖音超2000万人围观，超80万人点赞，还成为大火的综艺节目《女儿们的恋爱》拍摄地，杜海涛与沈梦辰这对情侣和朋友在这里聚会，陈乔恩和艾伦也在冬奥小镇1号院进行了《女儿们的恋爱》第二季的拍摄。

通过新媒体和传统媒体的组合推广，大大增加了大隐于世品牌的知名度和民宿的到访率。媒体宣传在开拓流量、为民宿持续带来客源的同时，口碑传播也具有无可比拟的优势。与其反复宣传民宿的优点，我们还不如想办法，让消费者投入真正的感情，把自己喜欢的，变成对人的传播，把临时的讨论变成持续的推荐，让口碑持续发酵。

从流量到品牌，占领用户心智

微信的那句slogan特别好："再小的个体，也有自己的品牌。"你的民宿可以小而美，但也要有自己的品牌，在做市场推广的同时，一定不要忽视了品牌的价值。在此之前，我们建议品牌与营销的预算比例最好为3∶7，但随着民宿的发展和成熟，品牌和营销之间的占比可以有所变化，将更多的资源向品牌倾斜。而且在经营过程中，也要不断进步，把服务和品质做上去，有意识地打造你的民宿品牌，高水平的民宿主也会站在企业长远发展的角度上，做好民宿的品牌传播。

品牌，不是眼花缭乱、自我吹嘘的广告，最强大、最持久的品牌，是建立在人们心里的，发自内心的认同。民宿品牌也是一种承诺，为顾客提供长期的服务和保证，也是一种象征，一个独特的标识。通过这个标识，民宿可以诠释自己的经营理念，规范经营行为，获得消费者的认可。民宿只卖客房的天花板很低，但是品牌的价

大隐于世·冬奥小镇·1号院，陈乔恩和艾伦约会的民宿

值是不可估量的，一个好的品牌可以将你带到更广阔的天地。

过去几年民宿业发展迅猛，在跑马圈地的过程中，许多民宿经营者可能更注重规模而非质量。如今，中国人均GDP已超过1万美元，基本生存需求所占比重越来越小，人们更关心生活中的小确幸，愿意为了美好体验付费，给品牌提供了更广阔的成长空间。

正所谓："知名度在眼，美誉度在心。"流量终会消逝，但人们对品牌的喜爱不会停止。在品牌和用户的心与心连接的过程中，你可以把对生活的思考和理解融入产品和企业中。从价值理念，到民宿的体验，到传递到你手中的温度，再到每一个使用触点的感受，用真实的力量，占领用户的心智。网红达人带来的流量是一时的，而让客人获得美好的体验，进而主动进行口碑传播，这样带来的流量却是持久的，民宿客人的体验、服务提升、流量获取成了一个正向的循环。

"知行合一的时间"是巨大的竞争优势，随着时间慢慢推移，坚持做自己，由内而外地表达，打造最棒的产品，选择客户体验而非规模，像打造产品一样打造民宿文化，我相信，你运营的民宿会在你和伙伴们的一言一行中，成为成功的民宿品牌。

哪怕门外"熙熙攘攘，皆为利往"，门内依然是"闲情寄趣，自在一方"。希望你的民宿能够成为"归者安逸，去者流连忘返"的度假胜地。

9 销售
民宿赚钱的关键

民宿是一门生意，做民宿的目的，很大程度上就是想要赚钱，一个民宿能赚多少钱，与销售的好坏直接相关。一般我们会说："销量＝客流量×成交率×客单价。"一家店每天有多少人来，这就是你的客流量，你要采取措施吸引客流，让更多的人来你的民宿，这叫增加客流量；来了之后要想办法留住他产生购买，这是成交率；还要让他尽可能买得更多，这就是客单价。

没有流量，后面什么也别说，没用，都是虚的；有流量没转化，这不会是你想要的。怎么办？前面几章，我们已经详细地讲过如何获取有效流量。这一章，我们来详细聊聊有关销售的问题，看看如何通过一些行之有效的策略，把流量变成钱装进口袋，让民宿赚更多的钱。

维护好自有渠道，不依赖OTA平台

市场上90%的民宿都是在 OTA 平台上进行推广的，效果非常明显，既能保证一定的客流量，又不用费心费力，虽然不会客如云来，至少还不至于门可罗雀。我同样十分支持民宿做好 OTA 平台运营，前面也花了很大的篇幅去讲民宿如何做好 OTA 平台运营。因为 OTA 渠道不仅可以促成订单，同时还可以起到品牌推广的作用，但这并不意味着民宿主要依赖于 OTA 平台。

随着某一地区的民宿数量不断增加，客人能浏览的页面数量也从 10 增加到 100 时，谁也不知道今天排在第 8 页的民宿是否会跌到 25 页。而且，OTA 平台的佣金基本上是成交价的 10%~15%，核算下来占民宿净利润的 30% 甚至更多，听起来

> 为了给民宿创造更好的业绩，你要想清楚以下这几个问题：你为市场提供了什么价值？你满足了用户什么样的需求？你的价值如何让用户感知到？你是如何把这些价值传递给用户的？

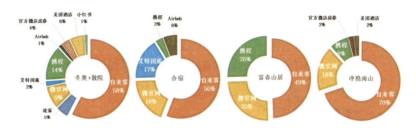

大隐于世 2021 年 1 月客源占比

是不是很吓人？如果单纯依靠 OTA 平台的订单，等于亲手将自己的命运交给了他人，潜在的风险会慢慢积聚，迟早会成为你的绊脚石。

OTA 渠道需要做，自有渠道也一定要有。你需要建立一个有主动权的销售渠道，从而不必担心自己的民宿被信息流淹没。早期重视自有渠道的民宿品牌，大多数已经在会员层面上建立起了护城河。如今，越来越多的民宿开始关注自有渠道，特别是中小型民宿，这样做一方面可以节省佣金，另一方面又能直接接触到真正的客源，更能直观地感受到民宿市场的需求。行业内经营良好的民宿，其自有渠道和 OTA 平台的获客比例可以达到 7 ∶ 3。

微信公众号、微博、抖音等自媒体平台不断发展壮大，其信息传播的力量不容忽视，民宿也应抓住这一部分客源，这是我们获得自有客源的良好土壤。我们可以通过美文、美图、短视频等从平台上获取人们的关注，还可以通过入住客户进行二次传播……这些都是民宿在探索、建立自有渠道过程中的一些有效方法。

有的人可能又跳出来说，我自有渠道做得很好，可以放弃 OTA 平台吗？我的建议是：不，两个都要抓。事实上，OTA 平台是一个很好的工具，管理者可以借助 OTA 平台上的一些数据，对自有渠道进行补充，分析客源的喜好、消费习惯、预订习惯，分析客户群体结构等，这些信息的掌握，有利于提高客户的转化率。

同时，管理者还可以通过对 OTA 平台的客源特征进行研究，建立相应的流程和绩效考核标准，有意识地把 OTA 平台的客源转化为民宿直客，并使客人养成到民宿直销渠道预订的习惯。例如一些散客、长住客、团队等，第一次可以通过平台预订，和客人保持好联系，再来民宿的时候就可以让客人到民宿直订了，包括官网、微信、人工预订等。

为什么我一直在强调民宿一定要建立自己的渠道呢？首先，不需要为自来客支付高昂的佣金成本，从自有渠道来的客人，在保证同样的房价以及入住率的情况下，省下来的佣金都是纯利润。其次，自来客占比高，品牌方可持续扩张的成功率更高。一般来说，开一家新店要经过启动期、爬坡期，需要天时地利人和的加持，但是，当你有了丰富的客户资源，或者有了紧密的会员群体，就能让新店很快地度过启动期。就像大隐于世的新项目，新店还没正式营业，就已经有很多人排号预订了，冷启动？不存在的！

另外，做民宿免不了同政府、合作方打交道，品牌知名度高固然好，但会员体系做得好，客户社群维护得好，自来客订单占比高，这样的民宿方才最受市场的青睐。如果直客客源能达到55%以上，这将是民宿的核心竞争力之一。

到目前为止，大隐于世精品民宿的自来客占比维持在7成左右，除了线上 OTA、媒体平台的宣传之外，线下门店也发挥着重要作用。在和顾客打交道的过程中，用户思维非常关键，一定要充分挖掘主流消费群体的需求、意愿及喜好习惯等，投其所好，从而达到维护民宿的自有渠道，建立自己的销售体系。

正确看待淡旺季问题

大多数的民宿品牌在旺季并不担心入住问题，因为旺季就是旺季，大家的需求就在那里，各个平台的流量都相当不错。即便不做任何推广，也能有不错的入住率。尤其在旅游景区、风景名胜附近的民宿，这种现象就更为明显。可一旦进入淡季，就会出现各种各样的问题。对于北方的民宿来说，它有着明显的淡旺季的区别，在长达四个多月的淡季中，一些很少有客人入住、收入负担不了成本支出的民宿，甚至会选择冬季暂停营业。

其实，民宿与酒店最大的区别在于，民宿有着自己独特的温度，这一温度来自民宿特有的生活方式与四季变换中不同的民宿之美,而客人需要的恰恰是这种差异化的生活方式。利用好每个季节独特的美感,制定好相关的销售政策,能够让旺季客满,扩大营收,提高利润率,同时有效降低淡季对民宿的影响。

有一些民宿旺季停止营销,淡季坐等客人,其实这样不对。在旅游旺季时,恰恰是营销推广的好时机,这期间的关注度和话题度都非常高,旺季营销可以让消费者对民宿品牌有更深的印象,当消费者有需求的时候,能够第一时间想到你的民宿。有一些聪明的民宿主,会在旺季来临前提前策划各种活动与套餐,而不是只为客人提供一个住的环境,从而提升客单价,获取更高的收益。旺季扩大宣传,是提升民宿知名度,拉长预订周期的好时机。

而淡季也有淡季的魅力,与旺季出游的客人不同,淡季出游的客人具有明显的个性特点和职业特征,他们在时间安排上有很强的灵活性,为他们提供更多的增值服务,使他们能够感受到来自民宿的价值所在,往往能够带来更多倾向于平日、淡季出游的朋友。而且,这也是一段难得的"炼内功"时期,集中学习、培训,推进规范化管理,为客人提供更好的服务,迎接充满希望的未来。

旺季也要扩大宣传,提升民宿知名度

做预售，赚现金流

先讲个故事：战场上两军对垒，将士们浴血奋战，不少勇士中弹倒下，他们怎么死的？绝大多数都是失血过多后休克最终牺牲的。若能及时获救并给予输血，那么这些战士就能获救，胜利的旗帜就能在阵地上飘扬。人体也是如此，假如你各个器官都健康正常，但是失血过多，也会导致死亡。

民宿的现金流就相当于人体的血液，在经营过程中离不开现金流的支持，对于淡旺季差异明显的民宿来说，现金流尤其重要，这是民宿的命脉。2020年突如其来的新冠肺炎疫情，给整个行业带来了巨大的冲击，在疫情影响下，大多数民宿面临2~3个月以上暂停营业期，以及漫长的缓和期，这期间企业将承担巨大的成本压力。这意味着民宿主要在零收入的情况下，承担三个月甚至更久的人力成本和固定成本，而这对于任何一家企业都是可怕的。就连知名餐饮品牌西贝都说：即使贷款发工资，公司的现金流也撑不过发3个月，更何况"库存每日清零"的民宿行业。

在外部的巨大冲击下，不少酒店、民宿、景区都在积极自救，开展线上预售活动，先是卖农产品、特色库存，疫情出现拐点后，酒店、民宿、景区等行业，开始预售房间、门票、餐饮等。一家具有民宿情怀的酒店品牌"诗莉莉"在2020年疫情期间的预售爆了，3天1000间，7天4000间，10天6000间，后台的数字不断被刷新……15天预售了10000间房，按照预售价格来看，三天两晚的房间，按照698元计算，总共现金流就超过300万元。东呈酒店集团以宜尚、柏曼等中端品牌为主打，第一批库存只在自有渠道放出，4小时内就销售一空。

但我们也看到，除了预售火爆之外，与之形成鲜明对比的是，一些酒店、民宿已经出现了裁员潮和倒闭潮，一些大型集团也未能幸免。2020年3月18日，国际大酒店万豪酒店发出"快要顶不住"的信号，计划裁减数以千计员工；酒店巨头希尔顿计划在全球裁减约22%的公司职员，也就是2100个工作岗位……

举上面的例子，是想说明现金流是一个企业的命脉，黑天鹅不知道什

> 9 销售：民宿赚钱的关键

给家人们的超值福利，
大隐于世的积极自救。

☺ 充值99元，㊗ 可获得大隐于世9折卡1张，旗下所有项目通用，永久有效；

☺ 充值1999元，㊗ 可体验大隐于世民宿1次，冬奥小镇19个各具特色的民宿任选，2020年12月31日前有效，平日及周末均可使用，法定节假日除外；

☺ 充值9999元，㊗ 可体验大隐于世民宿4次，旗下所有民宿通用（有私汤泳池的「净懒南山」、冬奥主题的「冬奥小镇」、富有生活气息的「合宿民宿集群」、即将开业的品质之选「富春山居」、独具特色的单体民宿均可体验），2021年12月31日前有效，平日及周末均可使用，法定节假日除外。

*以上活动，4月30日之前充值有效
*最终解释权归大隐于世酒店管理有限公司所有

2020年疫情期间大隐于世做的预售活动

款要拖很久，个人的建议是不要做，更快收到钱，要比拿到更多的利润更重要。

那怎样才能保持健康的现金流呢？除了日常的销售之外，预售也是一种很好的方式。这对于中档以上酒店、生活方式酒店、高端特色民宿，效果普遍很好，预售是一个赚现金流的好方式。民宿可以通过预售的方式，在短时间内收回一定资金，获得一定的保底收入。尤其是针对平日及淡季的预售，拿出一个比较低的价格，对于消费者的吸引力肯定是很大的。比如在旺季的时候，推出暖冬特惠价格，民宿牺牲部分利润获得优质的现金流，消费者则用较低的资金成本，得到了实实在在的优惠，彼此真情换温情，都得到了彼此想得到的。

尽管有平日、淡季的影响，但民宿独特的魅力依旧让人向往，出售房券也是一种不错的方式。自2018年9月起，订单来了推出了预售服务平台——佣金来了，在当前所有已核销的预售房券中，有53%的房券会用于非周末订房，47%的房券用于周末订房。在所有进行过预售活动的商户中，其非周末的入住率达到38%，略高于行业平均水平。你刚好向往，我刚好出现。预售，让我们从淡季中看见了希望。

么时候会降临，我们能做的只有做好相应预案。大约67%的企业的现金流都撑不过两个月，但我们建议无论如何都要想办法保证现金流的安全，在没有收入的情况下至少能撑3~6个月，活得久一点，不下牌桌，就有机会再重新开始。假如今天有人和你做生意，给你相对比较高的利润，但是账

多间连住、多间立减

根据订单来了《2019年精品民宿行业大数据报告》显示，有74.6%的消费者仅入住1晚、18%的消费者入住2晚、7%的消费者连住3晚及以上。对于民宿来说，可以设置一定的连住优惠，来吸引客人在民宿预订更多间夜。

连住优惠是一项针对酒店民宿库存管理的促销活动，设定连住条件并针对性地给予优惠，促进流量转化，从而实现酒店民宿整体入住率与收益的提升。通过设置民宿连住优惠，一是吸引了有连住需求的客人，二是拉动了预订高峰期前后的入住率。比如很多国庆节到三亚度假的客人，7天中会选择住几家不同的民宿酒店，每家只住一到两天。为了吸引宾客连住，民宿主可推出连住优惠，将连住天数设为3天或4天以上，以确保整个国庆长假期间的出租率。对于消费者来说，连住也是一个不错的选择，不必急着赶路，不用来回折腾，还能省下部分费用。

此外，还有一个空房率的问题，我猜想有很多民宿都面临同一个问题，就是周六满房但周五空置，要说这一周七天，大多数民宿可都指望这两天的收入呢。针对这一点，大隐于世推出了周末连住，第二晚半价的活动，希望大隐于世能陪客人睡满一年的52个懒觉，让客人成为主体，轻松愉悦地度过一个周末。

两晚连住或多天连住，也能让消费者的旅行更加从容，提前一天过来，可以有更多的时间到周边景区转转，约上三五好友提前到民宿聚会，各自做道拿手好菜，大家一起分享。在民宿里隐逸和热闹可以随意切换，入睡前还可以同朋友家人一起聊聊天、喝点东西，就算睡得再晚也没关系，毕竟客人已经抵达目的地了，第二天，管家可以为客人准备一份简单又营养的早餐，让客人开启一天好心情。

连住优惠活动的推出，降低了消费者的决策成本，连住客人明显增多，有效提升了民宿入住率。而且，服务一位客人与服务多位客人的成本是不一样的，针对连住类的订单，销售成本和服务成本相对较低，管理起来也很省心，无形之中还提升了客单价。

9 销售：民宿赚钱的关键

大隐于世连住半价活动海报

除"连住优惠"外，"多间立减"也能起到类似的作用。据统计，全国近20%的客人有多间入住的需求，从三代同堂的家庭旅行，到年轻人的朋友聚会，"小团体"市场不容小觑。而且，预订多个房间的客人，往往会比其他客人更早的规划行程，平均预订周期是12~14天，提前预订有利于酒店提前锁定客源，保障基本收益。民宿主可以针对多人出游且出游周期较长的客群，以预订多间房为条件，用优惠的价格作为刺激点，来吸引自由行的小团体客人预订。

提升入住周期，培养用户习惯

平时大家外出游玩时，一般都会提前做好旅游攻略，预定想住的民宿，有计划地安排自己的假期。顾客在预订房间和实际旅行之间有一段时间的间隔，我们称之为预订周期。

一般而言，公司的假期安排，交通便利程度，等等，都会对大家的出行习惯以及预定周期有一定的影响。在不同地区也有着明显差异，西南地区的丽江、大理、成都，预订周期近9天，消费者会提前9天规划自己的出行计划。不过，同处华东地区的莫干山与苏州却截然相反，消费者会提前11天安排行程，前往莫干山度假；而在苏州地区，很多人会提前两天半安排行程，来一场说走就走的旅行。

全年365天，其中115天为周末及节假日，其余250天为工作日，对于大多数乡村民宿而言，这两部分构成了民宿的旺季和淡季，入住率和预定周期都可以区分来看。如果将整个民宿市场的预订周期提前一周，那么你的预订周期一般都在1周以内，进入买家市场，很容易陷入价格战，民宿比较被动，任由消费者选择；如果大于1周，则在卖家市场，你不定我的民宿，很多人都在排队预订。说到底，买家市场和卖家市场的关系，就是习惯与被习惯的关系，我们可以通过一些有效的销售策略，变被动为主动。

提升民宿预定周期的目的在于让客户提前预订，从而帮助民宿提前锁定客源，降低客房闲置的风险。民宿主可以有意识地培养用户的预订习惯，不过在此之前，你要有个心理预期，提升民宿的入住周期一定是一个慢活儿，需要一点一点提升，如何提升呢？这就需要用到我们之前讲过的一些策略，如连住、预售、定制套餐，等等，通过各种销售策略，提升民宿的入住率，锁定未来的收益。

为了培养用户提前预订的习惯，民宿主可以对提前预订的顾客给予优惠。在民宿旺季，参与提前预订活动，吸引一部分冲着折扣早早预订的客人，保障入住率，帮助民宿更好地把控预订进度，及时调控收益策略；在民宿淡季，通过提前预订的优惠，民宿能比同行提前抢夺客源，缓解入住前后的销售压力，确保民宿收益基本稳定。

事实上，远期预订不仅仅是提高入住率那么简单，还可以利用远期预订周期，探知市场的温度，及时调整对策。如果周边的民宿都空着，只有你家的民宿还满着房间，那么就说明

大隐于世·富春山居

你比周围的对手提前做好准备,并有长远的预定计划,此时你的民宿已经领先市场了。

比如,你的民宿在最近两个星期都满房了,当客户想要订这个周末的民宿时,一看房间状态,呦,满了,再看下周,也满了,他会下意识地觉得这个民宿不错,更想住进这家民宿。于是,他就会选择下下周,或更远一点的日期,这样一来,预定周期也就慢慢拉长了。想要达到预期的目标,需要很多因素的合力,这个过程可能需要半年甚至一年的时间,你要做的就是别着急,慢慢地把齿轮磨合到一个比较合适的节奏上来。

民宿的价格不是一成不变的,可以根据你的实际感受,根据市场的温度进行动态调整,一般有季度变化、月变化、周变化、日变化,变化的目的是为了更好的销售。比如 2020 年十一黄金周期间,随着民宿数量增多,疫情的影响也逐渐降低,大家的出行有了更多的选择,假期首尾出现了少量的空置,民宿主就可以调整对应价格来对尾房进行处理,正确合理进行价格变化是一个效果明显的销售手段。

当周末节假日即将到来,假如别人的民宿还没卖出去,那边民宿主急得团团转,而你的民宿早在两周前,甚至提前一个月前就订满了,这时你的民宿就基本上脱离了红海竞争,不会轻易陷入价格战,提升预定周期的目的就达到了。

通过对入住周期的提升,把迎合客人变成引导客人,民宿主可以掌握更多的主动权,保证民宿的基本收益稳定,有利于民宿护城河的形成。

留住老客户，提高复购率

有人说："争取一个新客户的难度是留住一个老客户的5~6倍。"还有人说："没有回头客的门店是白忙，不以复购为目的是耍流氓。"诚然，成功的销售将维护老客户关系作为企业和自身发展的首要任务。

乔·吉拉德被称为"世界上最伟大的推销员"，他在15年的时间里以零售的方式卖出13001辆汽车，创下了迄今为止的汽车销售最高纪录。不过，研究发现，乔·吉拉德65%的交易都来自老客户复购。向顾客提供优质服务，从而持续吸引回头客，是他成功的关键。

在长期的民宿销售工作中，每个销售人员都积累了相当多的老客户资源。而这正是民宿手中的"金矿"。与开发新客户相比，维护老客户只需花费很少的时间和精力，提高老客户的复购率，是一种降低销售成本、节约时间的极好方法。

民宿可以建立自己的会员系统，向老客户回馈礼品，把原来分散的客户通过微信群、会员沙龙等形式组织起来，把他们聚集在一起，打造一个自己的"私域流量池"，用心经营这批客户，不断地把"头回客"变成"回头客"，在这个过程中寻求复购，逐步建立起深层次的信任关系，从而提高复购率。

2020年直播带货非常火，罗永浩的"交个朋友"直播间也取得了非常傲人的成绩，其实，情感的联系很可能是整个销售行为中最高级、最牢固的一种关系了。用心和客户交朋友，做客户心中最暖的朋友，站在客户的角度考虑问题，朋友关系自然就有了生根发芽的土壤。

"交个朋友"的本质，就在于赢得客户的信任和认同。而且，在和客户交朋友的过程中，持续、充分、友善、专业的沟通是必不可少的环节，在此过程中，逐渐形成专业上的信任，建立情感上的黏性，那么，和客户交朋友也就顺理成章了。

说真的，你越像销售人员，客户对你的信任度就越低。大多数销售人员的声音，要么像机器人一样机械，要么就像演讲者一样兴奋。但是，客户对销售人员本能是抗拒和反感的，只要客户看到、听到、闻到并感觉到你是一个销售员，他就会立即启动购买者系统来防备你，不过，你可以试着用自然、放松的语气跟客户说话，降低客户的防备心。

面对形形色色的民宿，老客户的推荐作用是一股不可小觑的力量。与老客户维持好关系，赢得他们的信任和喜爱，不仅会让他们成为你的回头客，还能够起到很好的口碑传播作用，带动新客户的消费。当消费者产生购买意向后，首先要收集大量的信息资料，然后才会选择购买，相比销售人员的介绍，消费者更愿意相信亲友、同事或其他人的推荐。所以，你还可以适当地提出希望，请他帮助推荐潜在客户，同时要注意回馈。

一些定价策略

"定价"是一门重要的学问，商品的价格不是简单的成本加上利润这么简单，而是要从消费者的角度考虑，根据产品带给消费者的不同价值来制定价格。这和消费者的心理密切相关，对人的消费行为有较大影响。

消费者对商品价值的判断，类似于感官对重量、体积、温度等的判断，多数情况下，消费者实际上也不知道商品值多少钱，他们茫然地穿梭于商品之间，根据各种线索来判断价格。购买者的主要敏感点不是绝对价格，而是相对差异，定价的本质，是一个精心设计的心理博弈。并且，消费者会受到很大的情绪因素的影响，最终做出的购买决定，往往都是非理性的，这时，卖家就可以在定价方面下足功夫。

如果你留意的话，你会发现，我们生活中的商品价格大部分都是以9结尾，比如199元一条的裤子，19元一双的袜子，9块9包邮的小物件……为什么商家都愿意以9作为价格的结尾呢？其实，这背后是有心理学依据的，人的大脑为了方便选择，会给商品的价格进行分组。比如，一件199元的衣服，会被消费者自动划分到"一百多"这一价格组，但是如果这件衣服定价201元，则会被划分到"两百多"这一价格组。虽然实际上只贵了2块钱，但这在消费者看来却贵了很多。因此，定价199元的产品会比定价201元的产品卖得好得多。

在价格策略中，锚定效应也是很常见的。所谓锚定效应，是指当人们需要对某个事件做定量估测的时候，会受到先入为主的影响，把某些特定的数值作为起始标准，这些一开始就具有的数值，就像轮船的锚一样制约着估测值。这个"锚"，只要被人注意到，不管它是不是夸张、是不是有实际参考价值，锚定效应都会起作用。它是一种潜意识过程，我们在参照它时，是没有进行理性思考的。

把锚定效应运用得最好的是奢侈品界。走进奢侈品商店，很多人看到价格就震惊了，一个包动不动就是两三万。不过，奢侈品店其实也并不奢望进来的人都能买这些高价商品，它总会在店里提供一些价格相对较低的商品。比如，它也会提供10款女鞋、23款手袋、54款礼物，以及像钥匙串、手链这种小玩意儿。你会想，我买不起好几万的包，600块钱的钥匙扣我还买不起吗？其实，奢侈品店就是希望你这么想，要知道，600块钱一个小钥匙扣，利润率可是非常惊人的，说不定比包还高呢。

人在购物时，往往并不能客观地评估一件商品本身的价格，而只是在不同的商品中选择了一个相对不错的。基于以上消费者的心理，民宿主可以制定出更加巧妙的定价策略，从而在销售过程中获取更多的利润。例如运用对比法、捆绑销售法等，引导消费者快速购买，快速做出购买决策。

先说对比法，大多数人对价值的判断，并非基于绝对差异性，而是由参照物来决定。举个例子，你就很容易理解了。假如某次考试，你得了90分，本来你觉得还不错，但是你的邻居居然得了98分，虽然只高了8分，但是这样比较起来，你就顿时觉得自己很差，连邻居都比不过。因此在定价上，商家往往采用"参照依赖"原则，给消费者设定一个不合理的参考产品。

大隐于世·净隐南山的包场派对计划，就利用了对比法，制定了两种不同的价格，一种是周日—周五包场价38888元，另一种是周六包场48888元。对于大隐于世来说，非常希望多卖点周五的房，因为在京郊的民宿当中，周六几乎不愁卖，但周五的空置率普遍较高。面对这两种价格，三个时间段，消费者的注意力很容易集中在周五上，因为周五作为周末竟然和平日的包场价格一样，它的折扣力度是最大的，这样一来，消费者很容易作出决策，大大提高了周五的入住率。

说完了对比法，我们再来看第二个定价方法：捆绑销售法。所谓捆绑销售，就是商家为了降低单个产品的价格敏感度，将多个产品打包、组合销售，这样消费者在购买时，就会觉

9 销售：民宿赚钱的关键

大隐于世·净隐南山包场派对计划

玩套餐服务。比如，39块钱包月，送300条短信，300分钟国内通话，1G的流量；88块钱包月，送500条短信，500分钟国内通话，3G的流量。通过五花八门的套餐组合，消费者被迷惑了，很难将不同运营商的不同套餐进行对比。通过捆绑销售，通信服务商将这些产品的定价权掌握在自己手中。

同样以上面大隐于世·净隐南山的包场套餐为例，38888元的套餐包含的不只是来这几栋别墅住1晚的价格，还包含私汤、早餐、烧烤派对、红酒、啤酒、应季水果等，假如消费者看了这个套餐，发现它基本上能满足自己的需求，那么消费者考虑的就是，这个套餐的定价是不是划算，而不会去怀疑这个套餐是不是理想的套餐。套餐的设定，也有助于客单价的提高。

消费者看待套餐的过程，用学术的语言来说，叫作"满意化"，这是由诺贝尔经济学奖获得者赫伯特·西蒙提出来的。他把"令人满意的"和"足够的"这两个词结合在一起创造出"满意化"这个词，用以表明消费者在购买某一商品时，会说服自己该产品满足自己的需求，从而对该产品心生满意。商家在定价的过程中，也会利用消费者习惯于"满意化"的行为特点，

得自己从产品中得到的收益增加了，而付出的价格却更低了。

手机套餐就是典型的捆绑销售的例子。移动、电信和联通这三大运营商为了增加自己的竞争力，变着花样

- 201 -

来进行价格制定。

优秀的民宿品牌，都会有完善的数据化信息。经验主义能够规避掉一些大的问题，但是细节需要通过数据的反馈来进行动态调整。价格属于动态信息，我们需要动态测试运营，用数据验证某种定价策略是否有效。这些数据不会撒谎，同时也会反映出许多问题，通过观察数据，不断地进行调整和完善，也是多种类型企业都遵循的规律和方法。

我们讲到，卖方对商品定价，不仅仅是确定一个代表价格的具体数字，而是通过价格与消费者进行价值沟通，本质上是一种心理博弈。许多心理学实验研究表明，价格仅仅是我们的一种感觉，对商品的直接价格比较，商品的环境、消费者的支付意愿等，都是重要的影响因素。

我们生活中习以为常的消费过程，其实都是卖家在研究了这些因素之后精心设计的结果。在这个精心设计的流程里，我们希望实现的效果，不是让消费者觉得自己占了便宜，而是要让消费者觉得自己花的每一分钱，都是物有所值，都是在为梦想中的世界投票。

收入多元化

民宿不只是一个美丽的房屋，更是一个有趣的空间，围绕着民宿本身，还能有非常多的可能性。若仔细观察就会发现，如今任何OTA平台都不仅仅只销售客房，吃、住、行、休闲、娱乐一体化早已成为一种消费趋势。既然你出来住，那么这次的旅行一定会伴随着吃喝玩乐，为什么民宿不利用这个机会提供相关服务，抓住客人更多的时间和注意力，增加客房以外的收入呢？这样的话，你的收入结构会更多元化，优势也会更明显。

其实，单纯拿民宿来说，住宿类的收入特别容易触及天花板，但餐饮、娱乐、零售以及其他相关业务还有非常大的潜力。据数据统计，2018年以后，民宿餐饮及其他非住宿类收入的占比在不断上升。餐饮引导到位、做得好的商家，餐饮收入占比可以做到整体收入占比的30%以上；引导不到位,做得不好的商家,可能10%都不到。为了获得更高的收益,民宿可以发展餐饮、零售、周边等业务,原因很简单,从80分提高到90分很难,但从30分提高到60分就很容易了。

民宿是旅行中落脚的地方,也是心灵寄托的驿站,在民宿的周边大多有一些辽阔壮美的山川美景,值得你把民宿和它们整合在一起,为客人专门定制一次旅行。例如,大家都认为冬天太冷,入住率低似乎命中注定,但是泡温泉、泡汤、看冰灯、滑雪等,都是冬季旅游的热门项目。民宿主可以与周边热门景区联动,或者购买一些景区的门票等,将周边产品与民宿打包成一个套餐,为客人提供一场定制之旅,让客人放心地把时间交给你。在将来,能够为客人节省时间、提供更多价值的商家,会越来越受欢迎。

时代的进步,让我们更多地享受到我们所需要的东西,同时我们也在分享自己的优势资源。除了餐饮、景区之外,民宿也发展出了一些好玩的模式,比如商业拍摄、线下体验店等,这些新的商业形式也在民宿空间中应运而生。

现在,越来越多的民宿主也意识到了,应该将民宿作为一个平台来运营,而不仅仅是单纯做房子本身的价值。比如,有很多线上互联网产品没有线下体验店,而民宿就可以和一些线上的品牌合作,把产品放到民宿里面,变成一个线下体验店,如果卖出去了,就分钱,如果没有卖出去,大家都没有损失。不同的商家联合在一起共享目标客户,共同推广,这样大家的成本都降低了,顾客也能得到实惠,商家也能赚到钱。

另外,民宿还可以尝试跨界合作,因为很多品牌也在寻找和自己产品调性相匹配的空间。2020年秋,漫山红遍,层林尽染,奥迪要在北京、杭州、成都、广州、深圳、上海6大城市中,分别为客人寻得一片净土。每一片净土的寻觅,奥迪都颇费心思,单单在北京就找寻了一个多月,把北京民宿转了个遍,最终选择了大隐于世·净隐南山。

"开着奥迪车,来到城市中的一片净土,与自然相拥"。这是奥迪想传达给消费者的生活态度,也是大隐于世想让大家体验到的生活。奥迪携手大隐于世一起守护"向往的生活",希望客人在民宿里放下焦躁不安,悠闲度日。

这是分享经济、合作共赢的时代。一家民宿最好的发展模式,是在保证自身民宿优势的同时,充分利用现有资源,为客人提供多元化的服务。这样做,一来能实现资源共享,二来可以创造房费以外的营收，产生 1 + 1>2 的效果。

在民宿空间里，就可以举办各种活动，比如亲子手工、花海音乐节、烧烤派对、帐篷露营、聚会沙龙等，每一个都可以尝试。您可自行组织各类活动，或与专业机构合作，共同丰富民宿的内涵。把客人的钱装进民宿的口袋，把民宿的活动融入客人的生活里。

希望你能够为客人开启一种新的度假模式：看美丽的风景，住舒适的院子，吃可口的饭菜，交有趣的朋友，最重要的是收获一份轻松超然的心情，重拾对生活美好的憧憬。

大隐于世和奥迪 2020 年携手一起守护"向往的生活"

为客户创造价值

谈到销售这个话题，我们最经常的一个思考视角就是，如何优化效率，抓住流量，实现销售的转变。但是随着时间的推移，到了一定阶段，许多人都感觉到无力，好像进入了增长的瓶颈。越想要增长，却距离想要的增长越远。事实上，要实现更高的销量，唯一的办法就是从追求增长的视角，切换成价值创造的视角。

曾看过一部经典电视剧《雍正王朝》，里面九子夺嫡的情节很有启发。在康熙年间的九子夺嫡中，四阿哥的战略顾问邬思道提出了违反共识，却真正行之有效的关键战略，只有八个字"争是不争，不争是争"，就是说当你想去争权夺力，反而距离皇位会变远，当你不去争，去想着怎么给国家创造价值，才能赢得皇帝的信任，成为最后的赢家，这才是最大的争。当四阿哥用这个不一样的视角去看待夺嫡争斗时，自然采取了一些与众不同的方式，比如主动接下吃力不讨好的差事，或在关键时候不对二阿哥落井下石，这些反而帮助他最终赢得了皇位。

这里面最难的就是如何从一个追求增长的视角，转变成价值创造的视角，从一个"我如何得到增长"，变成"我如何成为一个值得被奖赏能提高增长的人"。唯有从这一角度来看，才有可能做真正有利于长期增长的事情，例如关注用户并提供额外价值，立足于长期积累。这里的道理其实也很简单：增长背后的驱动力，一定来自用户的持续选择和使用。

作为一名民宿主或运营人，千万不要只是站在导购员的角度去规划自己的民宿发展，也不要局限在"销量＝客流量×成交率×客单价"这样的基本销售逻辑里出不来。你必须知道，企业赚钱的秘诀在于你能够提供的顾客价值。

为了给民宿创造更好的业绩，你要想清楚以下几个问题：你为市场提供了什么价值？你满足了用户什么样的需求？你的价值如何让用户感知到？你是如何把这些价值传递给用户的？

想清楚上面几个问题，再基于顾客、基于需求、基于市场机会、基于自身资源，通过这种方式，这样你才能找到民宿可能的增长路径，这是能否生存、能否发展、能否盈利的本质思考。

因为,用户最终购买的是独特性、高价值的产品和优质、稳定的服务。

很多人说做民宿越来越难了,被OTA平台挤压,被同行抢占份额,其实,要想提高竞争力,最好的办法就是坚守自己的核心职能,找到自己的根据地。这不光需要你把眼光放长远,而且还要有专业性,简单来说,就是要坚持"长期主义和专业主义"。找到自己该做的关键事项,用专业态度去做,用长期态度去做,才能取得明显效果。

记住,客户价值>现金流>收入>利润,你要留住最重要的客户。我们学习了很多"策略"和"方式",并且计算通过这种方式能带来什么价值。但还有比这更重要的,那就是千万不要忽略重要客户最重要的需求,以及基于这些重要客户的最重要需求去迭代自己。

民宿发展初期,很多民宿凭借一个美丽的屋子、一个动人的故事赢得消费者的喜爱,当时很多民宿对客户其实是没有那么重视的。但是,随着民宿从业者越来越多,大家都在抢这块蛋糕的时候,你要懂得,客户是你所有收入的来源。你有收入,是因为客户能从你的产品和服务中感受到价值。

所以,民宿想要赚更多的钱,不仅需要一些有效的销售策略,更要想办法提高服务水平,切换自己的视角,从一个追求增长的视角,变成价值创造的视角,而这需要很大的勇气,也需要信念。

大隐于世·冬奥小镇·瞻院

10

服务

创造「家」的氛围

> 懂得生活，尊重柴米油盐、一日三餐，民宿管家在万事亲力亲为中体悟生活原本的分量，并由此生出累并快乐着的坚持。

"世界那么大，我想去看看"。其实，旅行的意义不仅在于去看，更重要的是去体验。对于民宿来说，"入住"和"体验"虽然只有两字之差，但两者有着许多不同之处。住民宿，不仅体现在对当地景观、建筑、人文等更深层次的体验上，还体现在民宿为客人提供的服务上。

之前我们讲过很多关于宣传推广、销售的策略，如果扎实推进可以收获不错的成绩，不管是自媒体，还是 OTA 平台，在能展示的地方下力气去做推广，能带来很多流量，达成有效的订单成交。但有很多人走进了重视营销推广，不重视售后服务的误区。

事实上，广告是消费者了解民宿的一种工具，它不能代替服务在民宿经营中所起的作用。如果民宿营销和售前工作做得都很好，在客人入住后的服务方面却很糟糕，会直接导致用户体验感降低，好感度变差。这将大大降低用户再体验的意愿，同时用户也将通过自己的方式向外界传达自己对民宿的看法和态度。

民宿口碑的养成，不仅是自身风格以及软硬装修上的细致，更在于民宿内部的服务，只有加上了令人赞叹的服务，才能获得持久的魅力和口碑。如果服务不过关，打再多广告也没有什么作用，即便是客人慕名而来，一句"徒有其表"，会把之前所有的努力全部磨灭。久而久之，民宿空有知名度，却丧失了美誉度，忠诚度更是无从谈起。

归根结底，民宿作为一种服务行业，应该突出"以人为本"的理念，每一个地方的民风民俗、人文底蕴、方言语言、生活习惯、生活百态，每一位住客对生活的向往，都是住宿行业发展的关键因素。当大量的人涌向民宿行业时，为了避免陷入价格战的竞争中，除了打造自身的差异化之外，最重要的就是提升服务质量，让客人记住你的民宿的独特魅力。

亲和待人，守住服务的底线

什么是好的服务呢？简单8个字概括就是："以人为本，亲和待人。"使宾客能够像当地人一样生活，这是民宿区别于酒店的独特之处，也是闪光点之一。在这个消费不断升级的时代，用户更注重体验，如何真正把用户当作朋友对待，或者说让用户有宾至如归的感觉，显得尤为重要。朋友般的热情接待与人性化服务，正成为优秀服务者的必备品质。

行业内存在一种约定俗成的标准，即新用户与回头客或转介绍客人的比例达到6∶4（或更高），这说明民宿的运营状况是良好的，甚至是出色的。假如客人来一次，对民宿提供的各种服务感到满意，他就有意愿再次来体验。当你的服务能真正让顾客心悦诚服，才能赢得顾客的赞誉，客人之间口口相传的效果比付费做营销的效果要好很多。

相反地，如果你的服务让客人感到不满意，那么他就更有可能向别人倾诉，而且，与无关痛痒的赞扬相比，群情激愤的曝光更容易引起注意。因

客人与大隐于世管家的合影

为相对于正面事件，人们天生就喜欢关注负面事件。

有句商业俗语说："一次成功赢得一位客户，一次疏忽失去全部客户。"在社交媒体时代到来之后，你可能一不留神就失去成百上千的客户。某位被触怒的客人，只需敲几下键盘，再贴上一张应景的图片，就可以把他满腔的愤慨"公之于众"了。因此，如果你一不小心冒犯了一个客人，那么你损失的远不止这一个客人。

服务的好坏直接决定了你能走多远，那民宿到底该提供怎样的服务呢？你要记得，服务业的核心是为客户提供"便利"。你光有微笑和鞠躬不算服务。客人要的不是管家微笑而耐心的招待，一杯又一杯免费的柠檬水，而是需要服务者能快速解决他们的问题。

如今，许多民宿都强调温度，似乎成了服务的代名词。到了晚上，管家帮着带孩子，民宿主开瓶酒请客人喝，大家聊天就像朋友一样，在客人生日的时候，给他一个惊喜……这些都是很贴心的服务。但是不要把温度和服务搞混了，对客人来说，锦上添花固然好，但更要守住服务的最基本底线。例如，民宿设施是否完备，毛巾是否清洁，物品是否损坏能迅速更换，到了民宿是否被接待，电话或微信是否及时回复等，这些直接决定着客人在入住时的感受。

例如，遇到导航不准确，找不到民宿，水壶坏了，空调坏了，水龙头出不了热水等意外情况，民宿服务员是否能够及时响应并解决？在寒风中让客人等上十分钟，那样的话，请再多酒也无法弥补。因此，服务行业除了微笑、鞠躬的良好态度，更需要有真正解决问题的能力。

《乡村民宿服务质量规范》（GB/T 39000-2020）于2020年10月正式发布。基于民宿行业设施设备、建筑安全、卫生环境、价格质量等市场管理要求，有关管理部门统一制定民宿服务质量规范，有其现实意义和重要作用。

这是一份兼具"现代气息"和"土味"的乡村民宿国家标准。比如，在硬件配置上，《乡村民宿服务质量规范》提出住客区相对独立、单设卫生间、根据地区设置取暖降温设备、卫生间干湿分离、24小时冷热水供应等一系列要求，其目的就是确保乡村民宿能为游客提供现代化宜居空间。

"土"在哪呢？乡村游，要的就

是"土色土香"。《乡村民宿服务质量规范》提出，乡村民宿餐饮服务宜采用当地食材、提供自酿酒、提供农家特色小吃等。《乡村民宿服务质量规范》还提出本地民俗宜适当纳入客人体验服务项目等"土"要求。民宿主和服务人员一定要对当地的景点和美食做到了如指掌，这样才可以给到用户更多实用的旅游指导和建议。虽然网上攻略又多又详细，但谁又会拒绝一个活地图呢？到陌生的地方，有了房东细致、清晰的讲解和介绍，用户更容易玩出"当地人"的体验感，贴心周到的服务定会使民宿好感满分。

《乡村民宿服务质量规范》（GB/T 39000-2020）里对服务的具体要求如下。

八、服务要求

8.1 一般要求

8.1.1 立足属地资源禀赋，挖掘和传承地域文化内蕴，宜打造特色文化主题民宿。

8.1.2 有充分利用当地游客接待中心、公共停车场、数字化导览系统、民俗文化等农业农村公共服务资源，满足客人服务需求。

8.1.3 宜针对亲子等不同客群需求，提供特色化服务。

8.1.4 应尊重客人的民族风俗习惯和宗教信仰，主动了解生活和饮食禁忌，提供个性化服务。

8.1.5 对残障人士、老年人、儿童、孕妇等需要帮助的特殊客人，宜提供必要的设施设备，优先服务。

8.1.6 宜根据客人需求提供全程行程规划，活动安排等管家式服务。

8.1.7 设有接待处，宜24小时提供咨询、接待、入住登记、结账、留言等服务，服务响应及时。

8.1.8 宜实现网上宣传、问询、预订、投诉等功能。宜免费提供覆盖各区域的安全、高速的无线上网服务。

8.2 从业人员

8.2.1 从业人员宜以当地村民为主，应持有效健康合格证明，积极参加各类相关培训，掌握服务接待基本知识和技能，举止文明，态度友好。

8.2.2 主要从业人员应掌握基本急救知识及操作技能，并具备突发事件处置能力。

8.2.3 根据客人需要，从业人员能用多种语言或借助实时翻译设备进行接待服务。

8.3 服务内容

8.3.1 问询服务

8.3.1.1 宜提供现场、电话、网络等多种咨询方式,能准确和耐心解答民宿地址、位置、客房价格、主题特色以及当地民俗文化等常见问询问题。

8.3.1.2 宜提供可供网上查询的民宿相关动态信息,信息应客观、真实。

8.3.2 预订服务

8.3.2.1 宜提供现场、电话、网络等多种预订方式,预订手续便捷,预订信息有效。

8.3.2.2 遇客房预订已满情形,可向客人推荐周边民宿。

8.3.2.3 遇订单变更或取消情形,应及时、有效处理。

8.3.3 接待服务

8.3.3.1 民宿主人宜主动迎送客人,与客人分享民宿故事、生活方式和生活理念。

8.3.3.2 有条件的民宿,可提供电子化、自助式的入住服务。

8.3.3.3 接待处宜提供公用电话、物品寄存、雨具和充电设备出借等服务。

8.3.4 客房服务

8.3.4.1 根据气候和不同地区的实际需要,宜在客人到达前保持客房温度适宜、空气清新。

8.3.4.2 位于山区、海边的民宿,宜根据当地的气候条件采取必要的防潮或除湿措施。

8.3.4.3 宜主动引领客人至客房,介绍入住服务内容,帮助客人熟悉客房设施设备使用,告知注意事项。

8.3.4.4 根据需要,宜提供多种规格的寝具,寝具铺设应方便就寝。

8.3.4.5 宜配有当地民俗文化、农副土特产品、休闲农业和乡村旅游精品线路介绍、卫生防病宣传等资料。

8.3.5 餐饮服务

8.3.5.1 应提供早餐,如不能供餐应提供替代方案。宜提供中餐、晚餐。

8.3.5.2 宜采用当地食材,提供当地风味小吃、农家菜或特色药膳。菜肴烹调制作宜体现农家风味,地方特色。

8.3.5.3 宜提供当地自酿酒、饮料等特色饮品或特色面类食品。

8.3.5.4 餐具、酒具、厨具材质、样式的选择和摆放宜体现当地乡村特色、文化特色。

8.3.5.5 宜主动介绍菜式特点,引导客人合理点餐,提倡健康饮食。餐饮解说宜体现文化内涵。

8.3.5.6 宜提供可供客人亲身体验农家菜、农家小吃制作的共享农家厨房。

8.3.6 休闲体验服务

8.3.6.1 宜提供庭院、绿地、观景台、茶吧或书吧等公共空间。

8.3.6.2 本地民俗事象宜适当纳入客人体验服务项目,事象应展现本真性。

8.3.6.3 宜提供农事、非遗、文创、科普、研学、体育、艺术、康养等体验性或参与性活动项目。

8.3.6.4 宜与周边农户、家庭农场、合作社、园区建立联系，向客人推介当地手工艺品、中药材、农副土特产等特色商品。

8.3.7 离店服务

8.3.7.1 宜提供现金、储蓄卡、信用卡、常用的网络支付等多种结账支付服务，能提供正规发票。

8.3.7.2 宜提供当地农副土特产品、手工艺品等特色伴手礼。

8.3.7.3 遇客人在店遗失物品情形，应迅速联系，妥善处理。

九、持续改进

9.1 服务改进

9.1.1 应建立并实施服务投诉处理机制，包括但不限于：

a) 设立如电话投诉、网络投诉、意见簿等有效投诉渠道，并向客人明示，收集意见和投诉问题；

b) 在合理或承诺的期限内完成投诉处理，处理结果应及时向投诉者反馈。无法有效处理的，应向投诉者耐心解释；

c) 所有投诉应有记录，并可提供投诉处理的进度查询。

9.1.2 应建立并实施服务补救措施的管理程序，包括但不限于：

a) 服务补救方针；

b) 服务失误分析和分类；

c) 服务补救预案及措施；

d) 服务补救结果评价。

9.1.3 应制定和实施服务改进措施，包括但不限于：

a) 对不合格服务和投诉进行控制、识别和分析原因，及时采取纠正和预防措施；

b) 定期对服务质量进行自我评价，结合客人反馈意见与自我评价结果采取改进措施，持续改进服务质量。

9.2 邻里关系维护

9.2.1 应建立并实施邻里关系维护措施，包括但不限于：

a) 自觉遵守村规民约，尊重当地社会风俗和生活方式，并提前告知客人注意事项；

b) 积极参与当地公益事业或公益活动；

c) 主动融入当地社群活动，与邻里建立互帮互助关系；

d) 与邻里保持良好沟通，及时纠正占用邻里土地等损害邻里利益的行为。

9.2.2 应定期对邻里关系状况开展自我评估，结合评估结果采取有效措施，持续改善邻里关系。

常规服务，为顾客留下好的印象

在民宿发展初期，很多民宿采取客人自助的方式，基本没有服务员，更没有管家。但随着近年来民宿市场竞争的日益激烈，越来越多的资金涌入，整个民宿硬件水平大幅提升，莫干山大部分高端民宿的房间价格基本都在 1000 元往上，而价格的提升必然带来的是客人对民宿体验要求的提升。

在整个大服务体系下，常规服务是我们必须达标的。常规服务包括仪容仪表的规范、落落大方的礼节、自然熟练的技能和体现服务人员基本素质的应知应会四个方面，这四个方面是服务人员必须具备的基本素质，能满足民宿企业为客人提供简易服务的需要。除此之外，每家民宿的服务标准不是一成不变的，对服务标准的探索要永无止境，最终目的就是满足客人的个性化需求，并提高客人的满意度。

为了保证服务质量，对工作人员有所约束，民宿必须要有自己的服务标准。大隐于世旗下有近百家民宿，从接触客人到客人离开，通过对民宿服务流程的梳理，我们已经形成了整个服务周期的标准化操作流程，能够

管家定期对民宿进行消毒

让服务在多个节点上发挥关键作用。

首先,在客人到店前一天,管家就要提前与客人进行联络,了解对方的需求,更要有针对性地为客人提供惊喜服务。在与宾客联络过程中,可以先了解宾客出行的目的,是公司团建还是亲子出行,根据不同的出行类型,可以做相应的准备,如果有带小孩的客人,民宿可以准备一些儿童玩具,等等。另外,管家还要告知客人地址、导航路线、周边推荐,以及用餐安排等。这些步骤确保了事前沟通充分,掌握客人的详细信息,以提供个性化的服务。

其次,当客人到达民宿时,奉上欢迎茶水,前台核对好订单信息,并简单快速地办理入住手续。在将客人送到客房后,应主动向客人介绍与民宿有关的情况。例如,民宿的 Wifi 账户和密码,早餐供应的时间,相关设施设备的使用方式,民宿的特色,以及极佳的拍照点位,等等,这些内容都是客人快速融入新环境的基础条件,有助于提升客人满意度。

客人在踏进房门之前,民宿就要保证:无论客人什么时间入住,所提供的客房都要像崭新的一样。房间里的空气绝不浑浊沉闷,每时每刻都清新自然,让房间的感觉尽量接近客人自己家的样子。

在入住期间,民宿为客人提供一些惊喜服务,例如主动赠送欢迎水果,给小朋友送礼物,等等,前台可以先打电话联系客人是否方便,然后再安排管家送到客房,以免直接敲门造成打扰。管家进院子里,是一个很重要的工作节点,可以借此接触的机会观察,看看客人有什么需要帮助的地方,尽量把客人的需求想在前面。

对于客人办理退房,民宿可开通闪住服务,离店免查房,快速完成退房手续。在此过程中,前台可以询问客人需求,了解客人的住宿体验。如体验良好,可提醒客人点评。如顾客不满意,请在客人面前记下他的意见,并在现场给予客人安慰。另外,前台应及时向管理者汇报客人的意见,尽可能在 24 小时内处理完毕,并反馈给客人。

这样一整套工作流程,会卡住每个工作节点,尽量提前考虑到客人的需求。这些基本的程序性服务,能给客人留下良好的印象,但是民宿和客人之间的距离很难缩短。使顾客不断流连忘返、持续消费的真正因素,是悄悄拨动顾客心弦的增值服务。

每个客人，都应该被温情相待

增值服务就是我们一直强调的有温度的服务，在为客户提供住宿服务的过程中，现场服务人员除了常规服务外，还要设身处地地为客户着想，及时发现客户的需求，为客户提供更多不带利益色彩的帮助，以此感动顾客，留住更多的头回客。

从某种意义上讲，你的客户就像你的家人一样。如果没有他们的支持和信任，你的生意必将前景黯淡。所以，你希望你的父母、配偶、孩子或者其他挚爱的人能得到什么样的待遇，你也应该这样对待你的客户。每个顾客都是独立的个体，都有自己的个性，大部分顾客都很友善，但有时也会遇到难缠的顾客，但不管你愿不愿意搭理他，你都得给他创造舒适的顾客体验，这也是为了你的工作和事业着想。

标准作业程序（SOP），能够规范管家的技能，但真正能使客人满意的服务，必须是每一个员工都有一颗心甘情愿去关心客人的心。你可以试着勾勒出一个顾客在你的民宿里享受完美体验的场景：顾客首先到达停车场，然后进入接待中心，返回自己的民宿，悠闲地度过自己的时光，直到离开时，他们脸上都带着惬意的笑容……在入住周期里，他们看到了什么，听到了什么，感受到了什么，将每一个细节都勾勒出来，然后思考一下，为了给客户带来完美的体验，你和你的员工需要做哪些工作？团队成员之间要如何分工？何时应该做什么？应该说什么？用什么方式去说？态度怎样？想象得越细致，效果就越好。

心理学家丹尼尔·卡尼曼曾提出一个非常著名的"峰终定律"，即人们对一件事的评价好坏，有两个来源，分别是这件事的峰值（最坏或最好）时刻和结束时刻带给自己的感受。人的记忆有一个特点，那就是不能存储所有的信息，只能留下筛选过的信息。当经历成为高峰时，记忆会越来越清晰，从而形成记忆隆起，令人印象深刻，时不时会想起当时的极致感受。我们要做的，就是在用户停留的24小时里，最大化地为客人提供有价值的体验，通过服务制造峰值体验，留下记忆隆起，从而让客人留下这美好的回忆。

关于服务，大隐于世一直坚持着自己的原则，即要提供有人情味、有温度的服务，要对得起每一个应该被温情对待的客人。住在民宿里,从进门到离开,客人与民宿之间有很多个接触点,但不可能每个接触点都让客人很兴奋,这样会使客人感到疲倦。事实上,只要抓住几个非常重要的点,就会给顾客留下深刻的印象,是这些决定了客人的入住体验。

以"大隐于世·净隐南山"为例,客人入住的时候我们会准备下午茶、糖果、瓜子、山楂、饼干、水果……泡私汤有牛奶浴、花瓣浴、药浴以及各种养生浴任客人选择等,虽然都是一些很小的事儿,但我们都愿意去做,午后一份甜点,一杯咖啡,就是一段甜甜的"小食光"。

大隐于世还做了很多周边文创产品,利用自己的特色,将民宿文化融入产品中,力争让每一位远道而来的客人都能留下一个美好的伴手礼。我们定制了一批大隐于世的身份证卡套,当客人办理入住的时候,会将身份证交给前台,前台会快速、准确地登记完毕,然后挨个给身份证带上保护套还给客人,这样做一方面是保护身份证不被磨损,另一方面还能保持美观。有一次,一个曾经住过大隐于世的客人再次光临民宿,当前台接过身份证办理入住登记时,发现身份证上还保留着上次送他的卡套,两人相视一笑。

此外,我们还做了一些橡胶行李牌,当客人拉着行李箱过来,我们的

大隐于世·净隐南山为客人准备的玫瑰私汤下午茶套餐

工作人员会热情主动地为他送上一个橡胶行李牌，等到他日后登机时使用都非常方便。这些东西的设计都是设身处地为客人考虑的结果。因为我们始终相信，只要站在客人的立场上看问题，意想不到的好点子就会接二连三地蹦出来。

同时，我们还有自己的摄影师，我们会提前与客人联系，并询问他这次出行的目的是什么。如果是来院子里举办生日派对、宝宝宴等有仪式感的活动，我们的摄影师会专程为客人做一些影像记录，给他们在民宿留下美好的记忆。有一次我们得知一对客人要在大隐于世办婚礼，我们特意准备了一份礼物，在送给他们的同时，还放了一个礼炮，顿时客人眼眶都湿润了。这些虽然是小小的感动，但足以在客人心中留下一个好的印象。

尤其是节假日的时候，我们会举办一些有特色的活动，比如，我们会在端午节前买一些包粽子的糯米、艾叶、红枣等，提前把需要的原料泡好，等客人来的时候我们会免费提供给客人，让他们在这个节日里亲手为家人包个粽子；中秋节的时候，我们的管家会亲自动手，为客人制作冰皮月饼，送到客人的房间里；圣诞节的时候也很好玩，我们会有工作人员装扮成圣诞老人的模样，"叮叮当叮叮当，铃儿响叮当"，伴随着音乐，为客人送上圣诞节的礼物和祝福……

春节就更热闹了，大隐于世的院子里不仅挂上了喜庆的红灯笼，贴了充满节日气息的窗花，还会组织一系列有年味的活动，帮你找回记忆中的年味。在这里，可以一起包饺子、写对联、赏花灯，还可以围坐在大庭院里和大家一起看迎新春活动节目。2020年，大隐于世在冬奥小镇19个民宿院落，举办了"冬奥到我家，欢乐过大年"的活动，村民与游客一起参与，手工制作了2022个五彩饺子，祝愿2022年北京冬奥会成功举办，也寓意着来年大家都能拥有多姿多彩的生活。

此外，春节期间，大隐于世每天都有踩高跷、霸王鞭、吹唢呐、扭秧歌、挂灯笼、贴窗花、写对联等传统民俗活动，好戏连台。同时，我们的摄影师会为客人记录下这些美好的瞬间，如果有需要的话，我们还可以帮忙拍一个全家福。

这些接近零成本的增值服务，能够极大地取悦顾客，并获取非常高的满意度。没有客人会因为他们是服务员而降低他们的预期，更多时候，顾客对服务人员的感觉近乎依赖。服务员懂得多一些，能够为客人规划好在民宿期间的行程，他们往往会感激不尽。

大隐于世举办踩高跷民俗活动

就像我们经常说的:"星巴克卖的不是咖啡,是一种新的生活方式。"大隐于世也是如此,只想为客户创造新的生活方式。从民宿市场来说,饼就这么大,如何特色化服务,抓住客人的心,才是大家努力的方向。

让生活变得更有仪式感

很多年轻人都在推崇精致生活,而其中必不可少的就是"仪式感"。为什么要有仪式感?对普通人而言,仪式感庄重而有意义,即便是一些形式,也会让平凡的日子闪耀出光芒,成为一种"小确幸"。《小王子》里说,仪式感就是使某一天与其他日子不同,使某一个时刻与其他时刻不同。

有一次,我收到一位朋友寄来的信,信封还用特殊的火漆印章进行了密封,还没有打开就觉得分量感十足。要知道使用火漆印时,需要先切一小块火漆棒置于小汤匙中，加热融化后倒在信封口上，用手工的方式把章盖上去，光是一道火漆印工序，就花了一分多钟的时间。当收到这样一封信时，仿佛带着一种久违的感动，细细品味，慢慢拆开，竟无比神圣而充满期待。其上的印章痕迹，像一首源远流长的诗歌，讲述着荣耀与故事。

打开看见写满中文的信笺时，思绪片刻凝固了，觉得头脑里有什么东西"啪"的一声，就把自己和周围这个忙碌的世界分开了，仿佛回到了家乡的小城里，眯着眼睛享受太阳在身上蔓延的感觉。"手书"就像是泡茶，意味着必须支付大量的私人时间。而书法本身，又意味着凝神静气，和敲击键盘又能随时使用 Delete（删除）键时的心态完全不同。所以，手书里蕴含着极大的敬意。当你打开封印看到远方的他的文字，原来在某一刻，时光与时空真的可以重叠。

我们常常见到影视剧中，很多都有书信往来的戏份，而且每次都会给书信几秒的特写镜头，比如《哈利·波特》系列电影。纸质的信封、手写的抬头以及饱含寄信方信息的火漆印都散发着精致、贵重以及神秘的色彩，推动着故事情节的发展，让人印象深刻。

手机、微信、e-mail、QQ 这些东西，代表着方便和快捷，但也意味着一个快速运转的世界。可这世界上有许多事情不一定需要争分夺秒，不一定需要高效迅捷。当消失已久的传统信件再次出现在荧幕上，似乎又重新引起了人们的兴趣，特别是信件中仪式感的部分，被越来越多地运用到各种场合，比如婚礼请柬、客户回馈等。

仪式感绝不是非得花高价把房间装饰得非常华丽，相反，用一些走心的小礼物给顾客创造惊喜，也可以获得独特的"仪式感"体验。讲述上面的例子，是想告诉你，仪式感无处不在，想一想你会被什么事情感动，那么，换个角度想想：你的客人是不是会被同样的事情感动？

听、传、问、转，投诉的处理方式

对于有温度的服务来说，不能简单地用正规、正式、标准、非标准来衡量，因为服务需要有人的参与，有人的参与就会有不确定性，很多美好也恰恰源于这种不确定性。你要知道，天下没有零差评的商家，我们的服务初衷都是为客户好，但有时候遭遇投诉也是不可避免的。

许多民宿主在私下交流经营心得时说："如今消费者的维权意识越来越强，一旦处理不好顾客的投诉，轻则打折退款，重则被投诉到新闻媒体或有关部门，会给民宿带来名利双失的不利影响。"客人拿时间和精力进行投诉，我们也要拿出时间和精力来处理客人投诉。如果能灵活运用"处理顾客投诉四步法"，对平息顾客抱怨有很大帮助。

一、听。顾客有投诉，服务员不要急于辩解，更不要凭想象向顾客解释，而是要耐心倾听顾客所述问题，了解核心所在。

有些顾客提出投诉就是想向服务员抱怨一下，并非真想和民宿过不去，如果服务员能认真倾听并适时送顾客一点小礼品，投诉有可能到此为止。如果顾客拒绝倾听服务员的解释，要求服务员"叫你们的经理来"，服务员要马上转到第二步。

二、传。服务员要马上向主管或经理请示，汇报顾客投诉的问题，请上级来解决。顾客找领导出面，主要是为了面子，借机打个折扣，若领导能马上到场安抚，顾客会感觉自己受到了重视，投诉有可能到此为止。如果顾客仍不满意，要马上请民宿主出面，转到第三步。

三、问。到了这一步，民宿已无路可退，必须把顾客的情绪稳定住，再寻找顾客能够接受的解决办法。

民宿主要学会以问代答，即用巧妙的问话来代替回答，使自己掌握主动权。如果顾客问"今天的事怎么处理"，民宿主可以这样回答"您认为怎么处理好"，叫对方先提出条件。如果双方很难达成一致意见，民宿主要有意识地转到第四步。

四、转。民宿处理顾客的投诉要以不伤害顾客感情为出发点，能让顾客不计前嫌继续光临，因此交涉中的感情交流至关重要，但焦点问题的争辩很难在短时间内达成一致。聪明的民宿主会逐步地把话题转移到顾客感兴趣的内容上，使对方在众人面前显得智慧、果断、通情达理，从而营造出一种友好的谈话气氛，让顾客认为大家都是普通人，谁能不犯错呢？让他有意愿帮助民宿一起解决这次的问题。

在收到客人的投诉时，通过以上4个步骤，诚挚真心地与客人沟通，几乎所有的客人都能够谅解。不过，工夫在平日，我们可以通过模拟练习的方式，来锻炼服务者的随机应变能力。不仅要钻研提高解决问题的技术，还要在各种细节上考虑周到。

民宿主可以设计一个模拟训练，每次训练由两组构成，每组为三人。一组扮演顾客，以顾客身份挑剔民宿的服务，千方百计找毛病，其获胜标准是不支付一分钱。另一组扮演民宿一方，分别为服务员、经理、民宿主，他们获胜的标准是，不得打折、赠送，只能好言抚慰，用技巧化解顾客的怨气。

在这样较为严苛的规则下，双方都必须动用自己的聪明才智，努力达成自己的目标。民宿主则要在一旁观察事态发展和他们的处理应对方式，等发展到一定阶段，及时喊停，带领大家一起复盘总结，看看模拟中哪些是非常好的处理方式，出现哪些问题需要规避，这些都是日后的宝贵经验。通过这样的模拟训练，既能锻炼大家的现场反应，又能锻炼他们的语言技巧。在日常运营中，即便遇到投诉，也能不自乱阵脚，镇定自若地处理客人的问题。

我们有"听、传、问、转"四步法处理客人投诉，也可以通过模拟训练的方式锻炼大家的应对技巧。但我要再次强调的是：不管是哪种方式，对待顾客的态度必须是真诚的，真心诚意对待客人是服务的根本原则。态度不正确，再好的技巧也会变味儿。

民宿，一种新的生活方式

大隐于世创始人张海超说："我最想做民宿的瞬间，并不是听到民宿高额收益的时候，而是在外漂泊打拼的时候。我每天最渴望的，就是放下疲惫，回到家中的轻松惬意，迎着清晨的曙光，为自己准备一份早餐，那种生活感是我最向往的。那时候我有一种冲动：未来我也要做这样的事，做一个创造家的人。"

这个时代发展很快，快到很多人的家不是家，只是一个睡觉的床。城不是城，只是一堆砖头堆砌的安眠高楼。我们想做一个"家"的创造者，正如 Airbnb 的标语："belong anywhere"，归属无处不在。我们还想创造一些更有价值感的东西。

走在城市的商圈或办公区，随处可见星巴克墨绿色的招牌。星巴克前董事长舒尔茨曾对星巴克下过一个定义："这不是一家简单的咖啡馆，而是通过咖啡这种社会黏结剂，为人们提供聚会场所的第三空间。"

第三空间，究竟是一个什么样的空间？美国社会学家欧登伯格（Ray Oldenburg）提出第三空间的概念，他称家庭居住空间为第一空间，职场为第二空间，而城市的酒吧、咖啡店、博物馆、图书馆、公园等公共空间为第三空间。人们需要一个空间，可以在那儿聚会，把对家庭和工作的忧虑暂时搁在一边，放松下来聊聊天。

2020年底，"气氛组"一词登上热搜，阅读量超过2.4亿。大家应该都见识过，星巴克永远有一群人拿着笔记本电脑，不知道在干些什么。无论何时何地，路过星巴克，都有人在办公，桌上一台电脑，手边一杯咖啡。看起来商务范儿十足，表情专注，工作繁忙，仿佛在星巴克加班，就不是一般的打工人，而是有人上人味儿了。

其实，这就是星巴克"气氛组"，还有网友总结出了星巴克合格"气氛组"的四大标准：

①自带轻薄笔记本，有苹果标志的最佳；

②一定要用触摸板，不能用鼠标；

③热咖啡是标配；

④接电话的时候手机一定要用肩膀和耳朵歪头夹着，手在键盘上不能停。

其实，"气氛组"之所以能有这么高的热度，就是人们把星巴克当成了繁忙都市生活中的一个绿洲，让奔波于家庭和办公室之间的都市人有个歇脚喘息的地方。而民宿，也是区别于家庭和工作的第三空间。

大隐于世提供的不仅仅是住宿，更多的是提供了一个场景，让大家在这样的环境里，可以独处，可以社交，找到属于自己的生活方式。始于民宿，但不止于民宿。从经营房间、经营空间到经营人群，是民宿发展的未来，也是服务的最高境界。希望民宿能够成为城市人的一种新的生活方式。

源于微博：星巴克"气氛组"话题

大隐于世金牌管家刘志英

附：金牌管家工作图鉴

净隐南山藏匿在京郊的村落里，秀外慧中，美已经不足以形容它的存在，但越是美好的生活背后，越是有一些默默付出的人，将这一切的事物通过自己辛勤的双手展现得淋漓尽致。

"民宿管家虽然是一份普通的职业，但当我第一次踏进这里，就有了归属感，这是我向往的家的模样。"——净隐南山金牌管家：刘志英。

刘姐到净隐南山前在城区的商场工作，每天的奔波很辛苦，机缘巧合下，看到离家不远的净隐南山在招聘保洁，就来面试了。

入职后刘姐认真负责的工作态度，每一个人都看在眼里，工作了一个多月后，经理走到刘姐的身边："这段时间干得不错，你来当管家吧。"短短的一句话，给了刘姐很大的鼓励，刘姐开始认真地学习各种事情，在不断的学习实践中，刘姐成了大隐于世的金牌管家。

金牌管家的一天究竟是什么样子的呢？今天就为大家揭秘一下。

9：00am

清晨的阳光总是洋溢在勤劳的刘姐身上，换好衣服，甚至来不及等到身上的寒气散尽就投入到工作中。

第一件事就是打扫清理接待中心，认真地擦拭着每一个角落，先用湿布擦拭一遍，再用干布擦，这样擦完的桌子就不会留痕迹。在清扫地面的时候，她总是会俯身将桌下或是沙发下清扫干净，也会挪动一些摆在地上的物品，将灰尘扫出来，保证接待中心的干净整洁。在疫情的特殊期间，刘姐会在打扫完后进行全面消毒，桌面、体温计、沙发、门把手……都会认真地擦拭。

管家在认真打扫卫生，为迎接客人做准备

11：00am

正当中午，客人开始陆续地退房，只要客人的身影出现在刘姐的视线里，她就会立刻迎上，随手接过客人的行李或搀扶老人已经成了一种习惯。

当客人办理好退房之后，刘姐会到屋子内看看有没有落下东西，看看东西是否有损坏，然后开始协助保洁一起打扫屋子。不到两个小时屋子就会变得焕然一新，刘姐会对房间的里里外外进行检查，生怕会有任何遗漏的地方。铺过的床单有没有平整，擦过的镜子有没有水印，茶几上的摆件和遥控有没有摆放整齐，这些生活的点点滴滴都印在了刘姐的脑子里。

2：00pm

客人开始陆陆续续地到来，刘姐都会到净隐南山的门口等待，不管是瓢泼大雨的夏天还是风雪的冬天，都会看到刘姐的身影，为客人引路开门。引领客人进入接待中心后，刘姐会招待客人坐下休息一会，暖心地送上一杯热茶，为远道而来的客人送上一份贴心。

客人一边休息，刘姐一边仔细地为每一位客人登记、测温，然后带领客人到房间去，进入房间之后会跟客人介绍

管家招待客人休息

房屋设施的基本情况，会询问每一位客人还需要什么，那种无微不至像极了家中的大姐姐。

把客人安顿好之后，刘姐会对接待中心再次进行全方位的消毒，期盼着下一波客人的到访。她要做的就是给客人足够的安心，让客人在净隐南山体会到舒适感觉。

5：30pm

刘姐一天的工作时间结束了，伴着夕阳，走在回家的路上，手机里发出的声音往往会打破此刻的宁静。

每一位客人入住的同时会添加我们的微信服务群，出现任何的问题刘姐都会第一时间去解决，哪怕是刚回到家中吃上第一口热饭，都会放下筷子直奔工作岗位。就是这种热情，触动着每一位入住的客人，客人喜欢刘姐的无微不至，喜欢刘姐认真负责，更喜欢这种热心大姐姐般的关怀。

民宿的岁月静好需要在民宿管家的经营中实现。民宿管家是这里生活的主人，他需要每时每刻不断成长，如此，情怀、生活、经营才能实现最完美的契合。懂得生活，尊重柴米油盐、一日三餐，民宿管家在万事亲力亲为中体悟生活原本的分量，并由此生出累并快乐着的坚持。

这份坚持，通过双手的传递，通过温馨的话语，通过动人的细节，由此铸造了一个家的港湾，一个不管我们漂到哪，最终还是会回来的温暖的地方。

11 行动

在实践中一步步向前

经营落实在行动上

到这里，民宿已经可以从零到一开起来了，可能一两天的工夫，你就可以读完这本书，但是真正的实操运营却需要慢慢修炼。我们所说的学习，只有学以致用才有意义，单纯增加知识的数量是徒劳的。真要在民宿业大展身手，关键还是要通过一件件具体的事，不断磨炼每个环节的问题，每解决一个问题都是一种提升。

管理大师德鲁克说："管理是实践的艺术。"什么是实践的艺术？即知行合一，行在前。不管你有什么样的管理学位，不经营一家店，也永远不知道一家店的管理是怎样的，只有摸着石头过河，通过不断地纠偏来调整方向，久而久之，管理一个具体民宿的知识和技能才能趋于成熟和完善。

有的人看书时只是发出"原来还有这样的想法！""这想法也不错呀！"一番感慨之后便把书合上了，这样看一本书实在可惜。你可以结合书中的内容，不断地询问自己，"这里所写的内容，如果是我会怎么考虑？""在我家民宿可以怎么去做呢？"等等，做一些情景模拟练习。把书中的内容与自己的情况结合起来考虑之后，不要忘记把想法付诸实践，这是非常重要的，这样，当真正遇到类似的情况时，才能应付自如。在实践结束后，也要用严格的标准对实践结果进行评价，以指导下一次的工作。

民宿的经营管理总是要落实在行动上的，仅仅把自己的思考和研究作为一种知识来了解，是无法取得成果的。学习如果不与实践相结合就没有意义，同时，在实践的过程中也要不断学习，经营者的学习必须形成这样一种循环，使所学的知识真正转化为自己的东西。要想获得成功，就必须把自己所想的、所研究的和所学的都付诸实践。

有很多人说起商业案例来头头是道：宜家的顾客一体化，小米的生态链战略，等等。但真正谁学会了？为什么会这样？因为那是别人的管理艺术，很多人只学别人的方法，却没学到他的执行能力，光靠模仿很难制胜。《孙子兵法》中说道：人皆知我所以"胜之形"，而莫知吾所以"制胜之形"。（人们知道我克敌制胜的方法，却不知道我是怎样运用这些方法制胜的。）这就是我一直强调实践、执行的重要性的原因。

很多东西是买不来、教不会、也学不到的,管理必须由管理者自己在具体实践中自己悟。每个民宿所处的位置、环境、员工、文化等,各方面情况不同,每一点细微的差异,都可能给民宿带来不一样的结果。

一件事情成功与否取决于两个主要因素:一个是内在因素,也就是你做了什么;另一个是外在因素,也就是你的运气,等等。我们很难把握运气、机会这样的外部因素,因此我们重点来看内部因素,即你的行为。是什么决定了行为?一个人的行为取决于三个要素:知、能、愿。也就是说,当你知道当前的职位角色应该做什么,并且有能力可以做成,同时又有意愿去做的时候,那么好的行为就发生了。举例来说,你是民宿的管理者,你对民宿管理者应该做什么有了正确的认识,并有能力去完成,同时又愿意去做,那最后结果就在往好的方向发展。

要想成为一个优秀的管理者,必须要亲自参与日常经营管理,并不断对如何才能经营好,如何才能调动员工的积极性等问题进行认真思考。只有在工作中经受锻炼,不断地磨炼自己,进行刻意练习,才有可能成为一名优秀的民宿管理者。

对于经营者来说,真正有意义的学习是运用学到的知识和信息,结合自身情况进行思考,并且要勇于尝试。如果做好了准备,就开始实操吧。

大隐于世·富春山居

看脚下，一步步向前走

人生不能预知未来。无论如何准备，结果还是会猝不及防，所以，不要总想着将来会有多大的任务，而要将精力集中在眼前可以完成的每一小步上，并且做好它。唯有如此，民宿主之路才会越走越远。

之前听到过一个故事很有启发，现在也分享给大家：从前有一个老和尚和一个小和尚下山去化缘，回到山脚下时，天已经黑了。小和尚看着前方，担心地问老和尚："师父，天这么黑，路这么远，山上还有悬崖峭壁，各种怪兽，我们只有这一盏小小的灯笼，怎么才能回到家啊？"老和尚看着他，平静地说了三个字："看脚下。"

是啊，2020年是非常魔幻的一年，年初，突然暴发的疫情改变了大家的生活。十几亿中国人被困在家里，所有的餐饮和娱乐、线下商业、商务活动都停止了，而且很长一段时间几乎处于休眠状态。许多人原来的生活轨迹也随之改变，有人失去生命，有人正在康复，医护成了战士，老师成为主播……许多人躺在家中为社会做贡献，大挑战的逆行者成为时代的英雄，一些企业家和创业者正在承受巨大挑战。

大隐于世不例外也受到了冲击，2019年末，大隐于世按照惯例做了一系列过年筹备，院子里挂上了喜庆的红灯笼，贴了充满节日气息的窗花，大家都以为一年的耕耘终于有了结果。但一下子真空的人流完全打乱了民宿的节奏，日子变得不再忙碌，昔日热闹的乡野田园也被瞬间定格。原本打算在开年大有作为的大隐于世，被疫情来了一次致命打击，但即便如此，大隐于世为保障大家的权益，及时推出了退改保障政策，让大家安心宅家。

在疫情影响下，民宿面临3~4个月以上暂停营业期，这是一场严峻的考验，不知有多少民宿就此悄然离场。我们该怎么办？这个问题我们讨论了无数遍。2020年"活着"成了我们的目标。我们在年初积极尝试自救，推出了史上最低价和超长使用期限，保证现金流的安全的同时，也给忠实的客人一些超值福利。此外，大隐于世也依然凭借自己微弱的力量，承担起相应的社会责任，为社会做点贡献。用1000间免费客房，抚慰大挑战下的逆行者。越是凛冬，我们越彼此拥抱，互相取暖，才能获得更大的力量活下去。

11 行动：在实践中一步步向前

大隐于世用1000间免费客房，抚慰大挑战下的逆行者。

*大隐于世捐赠价值百万的1000间客房，希望逆行者们可以在硝烟散去、褪下战袍之际，在曼妙的自然山水洗去征尘，疗愈身心。

*注：1000间免费客房平日和周末均可申请，2020年12月31日前有效，以派驻到武汉或者坚守在岗位上的工作证明为准，感恩逆行、奉献爱心。

大隐于世疫情期间用1000间客房抚慰逆行者

春暖花开之际，医生们"战疫归来"，取得了阶段性胜利。经过了漫长的等待期，大隐于世·合宿也终于在4月1日成为北京市首批试行恢复营业的民宿。大隐于世对民宿做了全方位的清扫以及消毒，同时设置了多重防线，就是为了让大家安心，在春和景明的日子里和客人相聚。

营业信息一经官宣，就吸引了众多朋友来玩，毕竟，在家蜗居了很久，终于可以去外面感受春日烂漫的四月天了，沉寂许久的日子终于活泼了起来，大隐于世也慢慢恢复了"元气"。在接下来的一年里，大隐于世也一直坚持疫情防控，在安全层面也为客人做好充足的保障，三次健康查验，保证每一位客人的健康安全，让客人可以安心在民宿过一个舒心的假日。

我们有自己的计划，但世界另有计划。做民宿就是这样，我们心里虽有目的地，但突如其来的意外，总是会打乱前进的步伐。2020年是疫情，2021年可能是"价格战"，也可能是其他意外，不管怎样，我们能做的就是做好我们的计划，坚定自己的信念，把计划落实在行动上，看清脚下，走好每一步，对自己和民宿负责。有一天回过头，我们会发现，走着走着，自己已经走得很远了。

罗曼·罗兰（Romain Rolland）说过："这个世界上，只有一种真正的英雄主义，那就是认清了生活的真相后还依然热爱它。"这句话同样适用于民宿主。当我们内心的信念，而不是他人的态度变成我们行为的主导时，我们就获得了一种主动的、对自己负责的姿态。

没有彼岸之人

世界上最贵的高管教练马歇尔·戈德史密斯（Dr. Marshall Goldsmith）有一句非常经典的话"What got you here, won't get you there"——把你带到今天的那些知识、技能、资源，并不能把你带到明天。

有时候，我们顽固地坚持有彼岸存在，我们把现实中未能满足的欲望投射在那里，幻想着那些欲望可以在彼岸得以伸张，我们渴望着成为彼岸之人，并非是为了自我完善，而是为了消弭内心不断沸腾的痛苦和煎熬。可是，真的有彼岸吗？如果我们注定一直在路上呢？

宫崎骏是尽人皆知的日本动画大师，创作出一系列优美至极的动画作品。不管是丰富的想象力，还是细致的绘画技巧，都令人印象深刻。在数十年的创作过程中，宫崎骏以一直坚持手工绘制而著称于世。在我心目中，宫崎骏是在创作上达到从心所欲境界的大师，我也渴望着自己能够有那么一天，可以游刃有余地处理运营过程中的各种问题，不再为了做什么、如何做之类的问题所困扰。

但是我发现，事实并没有那么简单。2013年，宫崎骏宣布隐退，因为"属于我的时代已经过去了"，而且，体力已经不允许他再次带领数百人的团队完成任何动画长片。一年半以后，NHK派出摄影组访问宫崎骏，报道他的隐退生活，于是有了《不了之人：宫崎骏》。这个纪录片并不长，只有48分钟，但看完之后，我有一种如释重负的感觉，悬在我心头的诸多问题一下子找到了答案。

纪录片中，动画大师宫崎骏在75岁的时候，也仍然因为创造而痛苦，也依然会焦虑、愤怒、绝望，这让我内心得到了极大的释然。这世间没有彼岸，无论走了多远的路，吃了多少苦，彼岸依然遥不可及。该焦虑的时候还得焦虑，该绝望的时候还得绝望。只要一个人还想着要去创造，去建造，他就要忍受因此而来的折磨。你所积累的经验和智慧，只是会在以后的日子里为具体如何解决问题提供一些便利。

没有彼岸之人，所有人都一直在路上。75岁的宫崎骏拿起电子画板，用触控笔试图找到在纸上绘画的感觉。可画了一辈子动画的大师，却在电子画板面前显得如此笨拙和不适。在纪录片的结尾，经历了这一切的宫崎骏找来同样是垂暮之年的制作人，给他看自己的下一部动画长片的策划案，全片完成的时间节点大概在2019年，届时宫崎骏已经80岁了。制作人开玩笑说："也许你画到一半就已经死了吧？"但那已经不重要了，重要的是即便中途死去，他也是死在路上，死的时候他正在做自己最喜欢的事情。谁说一定要抵达彼岸呢？

著名导演李安也是如此，他之前钟情于胶片，他说："我原来是一个非常老式的电影拍摄者，全部心思都放在胶片上。拍《少年派的奇幻漂流》时，我不知道怎么去突破原著小说，就有了一个想法，需要另一个空间，多加一个视角来突破。"于是，他开始尝试3D技术，电影《少年派的奇幻漂流》开启了导演李安在电影技术领域的探索之路。

这部电影是他第一次拍数码电影，也是他第一次接触到立体视效："拍到一半时我的感觉很糟糕，因为之前依靠、表达、信仰的东西，突然之间瓦解了，不知道该怎么拍下去。"整个拍摄过程中，他就像片中的少年派一样，在太平洋上漂流着，惶恐地希望找到一个岛："我必须创新，必须和科技达成和解，用它和观众沟通，把破灭的东西组合起来。"

在之后的近十年里，李安只拍了两部电影，技术规格更进一步的《比利·林恩的中场战事》和《双子杀手》，后者甚至实现了用技术让主角威尔·史密斯同年轻时的自己同框打斗。李安希望电影人都能去探索新的技术、新的表达方式、新的可能性，让电影更自由，"过去100年，电影大多是约两个小时、三幕戏、套路式收尾等僵化了的操作，观众已经看习惯了。我觉得现在可以有更多门路，不管是长短还是表达形式，各个方面都可以更加自由化。至于应该怎么做，可能没有人知道确切答案，但毫无疑问，全新的看电影的方式会更流行，观众对于题材的需求量也会更大，将来和现在拍电影的方式会很不一样，可能更接近动画，也可能会更真实。"

不管是宫崎骏还是李安，他们都在自己从事的领域获得了极大的成就，但看了他们的纪录片和采访，让我知道了"没有彼岸，也没有彼岸之人，不管在什么时候，都要继续前进"。时代在进步，技术在不断地迭代，民宿行业的彼岸在哪里，谁也不知道，前面有很多不确定性，但是往前走，就有路。没有任何东西，能阻止我们向前，我们能做的只有不断的精进和探索。

大隐于世也是如此，2021 年，大隐于世创始人张海超和刘佳在全国游学，把一路上看到的、学到的、感受到的都及时和我们分享，让大隐于世团队的每一个人都能不断精进。2021 年，大隐于世将目光投入海南三亚，准备在三亚开展新的民宿业务。同时，大隐于世还开启了帐篷营地计划，极野、极奢的 Glamping 注定会成为很多人向往的度假方式。露营装备和食材等这些东西，大隐于世准备好了，客人只需与朋友、家人自驾出游，开启一段荒野灵感之旅，在绝美荒野里找寻自己，积蓄力量。张海超说："这个社会在不断地发展，我们不进步就是退步，一定要坚定自己的脚步，不断向前。"

"向前，就是生活的定数"。虽然民宿之路没有终点，民宿主的路充满挑战，但我们仍然要抱有勇气继续向前，不断在实践中积累经验，勇于创新和探索，在变数中把自己活成生活的定数，走出一条自己的路。希望看到这里的你，能时刻心怀朝气，把经营落实在行动上，在实践中一步步向前。

大隐于世·鲁西·西岛露台

12 案例

民宿圈里的尖子生

隐于乡村世界的小院——记"大隐于世"创始人张海超

张海超在做了几年民宿后渐生感悟,走进农村以后不能只是住在这里,要享受在这里才有乐趣,回归慢节奏生活才是人们越来越渴望的。

2015年的夏天,国际奥委会宣布了北京赢得2022年第24届冬季奥林匹克运动会的主办权这一振奋人心的好消息,延庆将作为重要赛区承接部分精彩赛事。听到这个好消息时,从小生长在延庆张山营村的张海超已在外漂泊多年,他决定回家看看。

秘境为静谧而生

家中闲置的小院荒废已久,张海

大隐于世·秘境小院

超与妻子刘佳商量后,准备把老房子进行改造。起初只是想修葺翻新一下,张海超亲自跟进房子的改造全过程,离家多年的他又重新体会到了乡村的静谧与美好:随手摘下颗杏,蹭一蹭就能吃,白天去山上散步,晚上仰望星空。他把这样的生活状态随手拍下来发到朋友圈里,引来持续的艳羡。朋友们的关注让张海超萌生了新的想法,他决定好好装扮这间老房子,不仅能住,更要住得与众不同。300多平方米的小院落成时,拥有了个别致的名字"秘境小院",房源上线并热卖成了张海超民宿事业的开端。

有了第一个院子的成功,仿佛为张海超注入了一剂强心针,他着手准备第二个开在怀柔的院子。这之前他做了大量的工作,包括一整年的财务数据测算、调研,以及怎样起一个朗朗上口的名字。

"我们当时没想好到底应该怎么做,到底是在一个地方集中做,还是将项目分布在不同的地方,一切都是摸着石头过河,慢慢积累经验。"张海超回忆。"半山小院"落成的时候,他开始着手成立"大隐于世"这家公司。为什么不是市?对于这个问题,张海超给出了这个答案:"山林也好,市井也罢,总归还是太小了,隐于世界才是我们的终极目标。我们想和更多的朋友一起享受美好的田园生活,让大隐于世成为你的另一种生活方式。"

闯荡世界

记者面前的张海超是一位接近90年的80后,但在他身上却能感受到不同于同龄人的沉稳与周密。在讲述起自己的成长经历时,他的那份谈笑风生与经历的种种磨难形成了鲜明的反差,而他的平静让人感觉仿佛他在讲述别人的故事。

张海超从小就不是家长眼中的"别人家的孩子",不仅如此,他的"斑斑劣迹"甚至让他连默默无闻都做不到。本来从小十分优越的家庭条件随着家庭的解体而日渐衰落,张海超跟着父亲一起生活,缺少家庭关爱和温暖的他,初中时因为倒卖学生饭卡而被勒令退学,从此开始走入社会。

"黑夜给了我黑色的眼睛,我却用它来寻找光明"。借用顾城的诗句可以描绘出张海超当时经历的种种。他帮助父亲在延庆经营一家卖化肥的小门店,算账、送货……承受着不属于他这个年龄的辛劳。他利用自己平时的积累攒下了第一笔"创业资金",

微乎其微，却意义非凡。"我蹬着板车，拿着50块钱进了一车水果，下班时间到小区里售卖，一天下来拿到手里300多块钱。这在当时比很多白领的收入要高了。"张海超并没有满足于现状，心中涌动着强烈的愿望：要出去看看！他拿着几千元的积蓄离家出走开始"流浪"。在社会上走了一圈，当一天结束混在一起的朋友们各自回家的时候，他无奈只好安身于一家24小时营业的拉面馆。世界之大，竟然没有自己的容身之地。面对窘境，张海超感慨之余不得不回了家。

挨了父亲一顿胖揍并没有打消张海超去看世界的愿望，他暗自盘算着再次出去闯荡世界时要学个安身立命的本领，这次他去了更远的地方，去投靠了在首都机场工作的母亲，那一年是2003年，他年仅14岁。第一次走出延庆的张海超为机场行色匆匆的人们快节奏所震撼，头一次见到如此多的外国人，许多的第一次让他对这个世界有了全新的感知。在母亲的安排下，他当了机场的一名保安。年纪尚小的他步入社会的第一份正式工作仅仅维持了半年，打破这份平静的是当时从事房地产经纪的哥哥的出现。"有一天，我哥哥去机场看我妈，他穿着板正的西装，潇洒得意的样子让我羡慕不已，我下定决心离开机场和他混。"张海超笑着说。于是，他又一次选择了离开，这次的理由依然是去看看新的不同的世界。

几经沉浮得真爱

没有和任何人打招呼，他坐上了一辆长途汽车，路上没忘记在汽车站附近的地摊上买了一件垫着硬纸板、插着大头针的白衬衫。换上了带着横平竖直折痕的白衬衫，套着一件肥大的西装外套，张海超带着与写字楼格格不入的气质投奔了哥哥的公司。一进公司大门，一张正在发呆的圆圆脸吸住了张海超的目光，这个可爱的女孩从那一刻起走入他的人生，并深刻地影响着他的人生轨迹，后来这个叫刘佳的女孩成了他的妻子。直到现在，

张海超为妻子刘佳献花的感动瞬间

张海超回忆起相遇的那一幕时依然满脸笑容地沉浸在幸福之中。

从此被哥哥带入房地产经纪的行业，张海超察觉不到工作的辛苦，取而代之的是新鲜、紧张、忙碌带来的欣喜和充实。"我出去办事都不坐车的，能走就走，一来省钱，二来自己也很享受"。勤快、肯于吃苦加上高情商，张海超业绩很快做得风生水起。工作中，张海超与他的佳姐感情日渐深厚。对行业有了一定程度的熟悉，加之有了些积累，2007年在公司经营每况愈下的时候，张海超与刘佳决定一起出来创业，两个年轻人从此正式走上了创业之路。

张海超的创业经历不可谓不丰富曲折。公司几经沉浮、自己误入歧途、期间父亲去世……在一次遭遇了最信任的合伙人欺骗之后，张海超痛哭着感叹命运的捉弄。但生活也让他收获了一生的至宝，与刘佳携手走入婚姻的那一刻，他忘却了所有的痛苦，人

大隐于世·鲁西西的院子

间是值得的。

创业的起起落落练就了张海超的宠辱不惊，也让他结识了很多值得彼此托付的朋友，朋友们伸出的援手让他在危难时刻依然没有放弃自己的愿望，连同他的那份"不安分"支撑着他不断前行。他看世界的步伐从延庆走出了国门，饱览体验世界各地的风情小院，冥冥之中为他开创民宿事业做好了铺垫。

直到2015年，张海超由父亲留下来的一个老房子开启了民宿事业。他坦言，能有今天的小小成绩最应该感谢的是自己妻子刘佳，于他而言，刘佳亦师亦友，亦知己亦贤妻，事业发展的每一步都是在妻子的支持和指引下走出来的。

一个位于怀柔的小院，院中一间破败的老房子，在经过一位女孩的巧手"妆扮"之后，仿佛一个待嫁的姑娘惊艳了众人，这间充满了乡村工业风的院子与村子里其他房屋的古朴形成强烈的对比。院子落成之时，既是设计师也是经营者的刘佳把院子改造前后的照片做了个视频在抖音上发布，一个小时之内，点击量超过了2000万次，引来了大批粉丝的关注。以刘佳网名"鲁西西"命名的小院就此诞生，迅速成了网红民宿，吸引了各方客户。

稳步前行

张海超与刘佳带着年轻人的时尚灵动和与社交新媒体的热烈互动，温和而内敛地脚踏实地慢步前行，将产品视为灵魂的张海超更乐于把做好产品和服务当成发展的路径。"我作为创始人更关心的是如何保护这个企业，怎样让它健康稳定地成长，速度反而不重要。"张海超在经营多年后对风险有了更深刻的认识。

他讲起了前不久发生的一件事情。有个客人在入住的过程中撞在了透明的落地窗上，把牙撞掉了，张海超本着息事宁人的态度表示愿意给客人一些慰问和补偿，但事后，客人以种牙为名向小院索赔5万元，这个数字显然超出了张海超的预期，最后张海超不得不提出走法律程序。事情发生后，张海超第一时间把自己所有的小院上了保险，目的是更好地保障入住客人的生命财产安全。"遇到了事情才会让企业成长，所以遇到困难的时候我根本不觉得是个事，都是成长的过程。"张海超被岁月赋予了成长的乐观。

做民宿这件事不同于以往的创业，它让张海超成长的速度超乎寻常，无论是规模体量还是认知理念。"两三年前没想过做几千万的项目，拥有上亿的固定资产。一直在闷头干事的时候突然有一天抬头发现，原来我已经做了这么多的事呢。"快速成长的同时他始终不忘思考接下去民宿该怎么走，以什么样的形式继续走。"以前是动起来，才能让我有各种想法，现在我越来越需要静下来沉淀，才能有时间思考民宿以什么样的闭环结束。"张海超似乎有着与生俱来的超前意识抑或不安全感。大隐于世目前在建的项目已增至100多个，其中包括冬奥小镇、富春山居智能别墅、带温泉私汤的净隐南山，等等。民宿的形式已经无法满足客户的需求，深度融合到乡村生活中才是未来的发展方向。"小镇的产品形态可以达成这样的目标，比如为客人提供认养一块地的服务，可以以自己的名字命名，可以种自己想要的蔬菜，可以饲养动物，定期组织活动来增加客户黏性。"张海超描绘着不远的未来那幅生机勃勃的场景。

本文来源：王璐.隐于乡村世界的小院——记"大隐于世"创始人张海超[J].投资北京,2019(004):74-79.

海超访谈 | 大隐于世，不止是民宿，更是一种生活状态

2020年8月11日，大隐于世logo全新升级。新版logo的灵感来自大隐于世的生活场景。前景是大隐于世的创始人夫妻，背景则是鲁西西的院子。与以往扁平化的几个大字相比，新版logo变得更加具体形象，更能代表佳佳和海超的初心，也更能表达大隐于世的生活。

一个能保持初心，又能在表达上与时俱进的品牌，或许才会更符合顾客对未来的期许。其实，大隐于世一直在不停生长，这种生长不是简单的规模扩大，而是在逐渐演变出多元化生活场景与丰富的生态环境。

大隐于世 logo（新版）

大隐于世 logo（旧版）

张海超不仅有"情怀"，是人们眼中的一个梦想者，他同时还是一个实干家，将"情怀"和"商业"结合得很好。借着 logo 升级的契机，我们采访了大隐于世品牌创始人张海超，他向我们分享了大隐于世的进展，以及这段时间他对大隐于世的思考与心得。从访谈之间，能体会到这位民宿圈里尖子生的思考方式，他经营民宿的方式，以及他对这个行业的思考和理解。

大隐于世：这次大隐于世 logo 的升级意味着什么？

张海超：每一个优秀的企业，都有一个代表性的 logo，这是品牌的象征。此次大隐于世 logo 的升级，意味着大隐于世迈入了一个新的阶段。

之前的 logo 只有"大隐于世""民宿"这几个字样，比较单一而且很难传达品牌理念。现在新的 logo 上面有我和佳佳两个人，有我们的房子，有大隐于世的生活场景，这是我们想要传达给大家的生活理念。

新 logo 的启用代表着大隐于世新的开始，通过新的标识和新的产品，让消费者看到大隐于世已经准备好面临全新的民宿发展时代。

大隐于世不仅是做民宿，更多是在打造一种生活方式，大隐于世可以成为一种生活状态。希望当消费者看到 logo 图案时，就可以想到大隐于世品牌。

大隐于世：新的 logo 上，相较之前的版本多了人物和场景，但却少了"民

宿"二字，这代表什么？这是想要表达大隐于世从民宿向生活方式的转变吗？

张海超：是的，"山林也好，市井也罢，总归是太小了，隐于世界才是我们的终极目标"。我和佳佳一直都喜欢旅行，也一直在旅行，我们一边看世界，一边把世界带到大隐于世，带到大家的面前。

我们走过的地方，感受过得好服务，都会嫁接在大隐于世里，通过我们的生活方式为大家打造出多元化的大隐于世生活，让大家都可以过这样的生活。

大隐于世走到现在，我们通过民宿与客人变成朋友，甚至是合伙人，但是，大隐于世却没有一个平台能把志同道合的朋友们聚在一起，实现我们生活、娱乐、学习、交流的共存。

所以，大隐于世逐渐向集团化发展，除了民宿主营业务之外，还围绕民宿拓展了产业链上的其他业务。人生的意义就在于体验，现在和未来的大隐于世也会更侧重于生活，和大隐于世一起的体验也会越来越丰富。

大隐于世：公司集团化发展，你能具体展开讲讲吗？

张海超：民宿这个行业不只提供几间房子、几个院落那么简单，你得有设计、有施工、有资金的注入、有

张海超组织朋友一起在营地露营

持续的运营，在这个产业链上，每一环都大有可为。

在此之前，我们的设计、工程、资产管理都只是大隐于世的一个部门，今年，这些部门拆分成独立的公司，在每一个项目里不断填充优质的内容。一个部门独立成公司之后，可以更好地施展身手，为更多人提供场地、设计、施工、物业管理，等等，大家有需要可以直接找相应的公司。

集团化中很重要的一个部分就是大隐于世俱乐部。近几年民宿竞争很激烈，有时候，我们在盲目地跟市场PK，但是现在回头再看，跟当初自己想做的事不太一样。

我们不想把大隐于世变成一个纯粹的民宿产品，想通过俱乐部这样的方式回归初心，把大隐于世的这种生活传递给更多的人。

大隐于世：2020年是一个特殊的年份，2020上半年的疫情对公司有影响？您是以什么样的心态面对这次疫情？

张海超：疫情期间公司不能正常营业，我心里难免会有担忧和焦躁，也曾整宿难眠，这些佳佳都看在眼里。有一次和朋友喝酒，很晚才睡，等早上起床的时候，收到好几大段微信留言，字里行间都是佳佳为我宽心的语录。

佳佳是个特别乐观的人，总能在我迷茫时给我建议和支持，从而使一个危机变成了一个机遇、一个学习沉淀的机会。创业路上，能拥有一位互助前行的好伙伴，真是一件幸运的事，我真的很幸运能遇到她。

这一场疫情的出现，让我更加明确了自己和大隐于世未来的前进方向，让我学会了沉淀，也让我明白了在未知的危机到来之际，一个企业到底是扎根重要，还是枝繁叶茂更重要。

如果把危机比喻成一阵狂风，倘若一个企业枝繁叶茂却并未扎根，那肯定受不了这么大的风浪；但如果根扎得特别深，那再大的风雨也不会对它造成多大的伤害。大隐于世要做的，就是不忘初心，扎根大地，让大隐于世成为更多人的乌托邦。

大隐于世：2020年，你的生活和心态上有什么改变吗？

张海超：去年一整年都很忙碌，每天都沉溺在工作中让自己非常疲惫，有时候闲下来想想，似乎并没有过几天我真正想过的生活。人在特别忙的阶段很容易迷失，在轻松的状态

做自己喜欢的事儿放松身心

中才能找到突破口,才会有更好的思路。

这段时间一直在反思,是不是平时自己管得太多了,自己像家长似的,总觉得"孩子"长不大,其实,"孩子"远远比你想象中的优秀,只要有机会,放手让大家去干,总能带给你惊喜。

最近,情势有所好转,我们想给大家一个锻炼的机会,也给我们自己放个假,出门多走走,多看看,把握住大的方向。所以,我们就背包出门旅行了。

这次出发,我们不是根据行程去安排酒店,而是根据酒店安排自己的行程。我们盘点了一些国内很受欢迎的酒店,体验一番,看看他们到底为什么难预订,人家酒店做得好的地方我们就带回去,融入大隐于世的生活。

看到别人做得不好的地方,我们也会反思我们自己是否也有类似问题,如果是我们自己,要怎么处理。

大隐于世:出来旅行,让你最难忘的是什么?

张海超:让我最难忘的是这里浓郁的人文气息,大家都很朴实,人与人的距离很近。其实,在旅行中,不管是京郊旅行还是长途旅行,游客都是最没有安全感的,因为,他们离开了自己的安全舒适区。

如果一家民宿可以把你当作家

人、朋友一样招待，给你十足的安全感，真的很加分。在他们那儿居住，不管遇到什么问题，他们都会想办法帮助你解决，给客人一种安稳的状态。

来到云南，我终于知道为什么会有那么多人喜欢大理。在这里，真的可以让你放下心里的琐事，没有目的，只是享受生活就好。大家也都非常热情，不管去到哪家院子，就算不花钱，坐下来喝会儿茶、抽根烟、聊会儿天都非常自在。

大隐于世：有哪些好的民宿体验让你比较难忘？哪些酒店值得我们学习？

张海超：这次住的酒店环境都特别好，但印象最深刻的反而是他们的服务。管家都特别热情，他们会推荐自己常吃的美食摊让你去尝尝，你来这里体验到的生活，就是大家最本真的生活模样。跟管家接触下来，让我很想跟他们交个朋友，这种感觉特别好。我们的部分管家也可以做到，但把这种热情变成一种常态才行。

旅途中我有些水土不服，他们会亲自骑着自行车，去药店给我买药；佳佳的隐形眼镜需要换，他们甚至托自己的朋友买来同款隐形眼镜，其实他们提供的这些服务，都超出了原本的工作范畴。他们以客户的需求为出发点，以人为本，这一点感受特别棒。

这也是大隐于世要优化的地方，来到大隐于世，管家就要服务好客人，拿出对待"丈母娘"的那种精神对待自己的客人，把好吃的、好喝的、好玩的都告诉大家，有什么需求也尽量满足。

保证品牌的温度，做好人与人之间的交流，让每一位来到大隐于世的人，都能享受到属于自己的权利，过自己向往的生活。

大隐于世：还有什么想跟大家分享的吗？

张海超：我想，来到大隐于世的，一定是认同大隐于世价值观，并且期待更美人生的一群人。能跟这样一群志趣相投的人在一起，我觉得非常幸运。更美好的未来，需要对的人在一起，组成一个个小世界，凝聚共识，重建价值与意义的共同体。

大隐于世回归初心，做一种生活方式，拉近人与人之间的距离。在未来，一定会演变成一个生活方式的平台。希望我们在大隐于世实践一种全新的生活，创造一个充满人文气象与美感的"小世界"。也希望在大隐于世的你，可以找到生活本真的模样。

后记

这本书洋洋洒洒地写到这里，从对民宿行业的认识，到民宿选址、设计、施工，再到民宿经营、团队建设、获取流量、销售服务等。不知不觉间，它已接近尾声。

如果说，这是一本关于如何创办及运营民宿的手册地图，它可能也只是一幅局部地图。也许你会问：既然这只是局部地图，我为什么要拿着它呢？答案是：为了上路。有了地图，你就可以上路了。你可以尝试去经营一家民宿，参考书中的经验，从实践中了解更多的民宿管理知识。或许你会发现，自己的一些经历和我写的很相似，有些不那么像，都没有关系。你走的路，比地图重要。

经营民宿这条路就像生活一样，我们常常会被小收获或者小挫折蒙蔽双眼，无法看到前方的路。但只有用汗水磨炼自己，经过风雨的洗礼，我们的生命才会焕发光彩。在过程中品尝果实的甜美，那就是你的胜利。这世上不乏天才，但只有真心投入并坚持到底的人，才能走向成功。卓越民宿主也不是天生的，是不是璞玉，打磨后才知道。

本书从开始写，到跟读者见面，我也经历了迷茫和彷徨，每天在忙碌中发愁，不知写到何时才是头。如今，我已经和自己打了一场漂亮的胜仗，也该为本书画上一个圆满的句号了，这可不只是作者自己的功劳。我要感谢很多人。

感谢大隐于世民宿的良师益友们，这是一个优秀的团队，每个人都有一套独门绝技，是你们教会了我这些法则。感谢我的家人，没有你们的爱、鼓励和宽容，我没有勇气开启这本书的写作，更不会坚持到现在。感谢"阅宿"系列书籍的发起者之一严风林，如果不是她的推动，就不会有你眼前"手把手教你开民宿"这本书。感谢这本书的策划编辑彭霞霞，如果不是她的精心付出和宝贵意见，这本书不会像现在这么好。感谢你们所有人，耐心地看到这一页，谢谢你们给我机会，在民宿道路上一起成长。

图书在版编目(CIP)数据

手把手教你开民宿：网红民宿运营秘笈大公开 / 谭玉芳, 张海超著. —— 武汉：华中科技大学出版社, 2021.9
（2024.5重印）
ISBN 978-7-5680-7335-6

Ⅰ.①手… Ⅱ.①谭… ②张… Ⅲ.①旅馆－经营管理 Ⅳ.①F719.2

中国版本图书馆CIP数据核字(2021)第137485号

手把手教你开民宿：网红民宿运营秘笈大公开　　　　　　　　谭玉芳　张海超　著
SHOUBASHOU JIAONI KAI MINSU: WANGHONG MINSU YUNYING MIJI DAGONGKAI

策划编辑：彭霞霞	责任编辑：彭霞霞
责任校对：陈　忠	责任监印：朱　玢

出版发行：华中科技大学出版社（中国·武汉）　　　电话：(027)81321913
　　　　　武汉市东湖新技术开发区华工科技园　　　邮编：430223

录　　排：武汉东橙品牌策划设计有限公司
印　　刷：湖北金港彩印有限公司
封面设计：大金金　杨小勤
开　　本：710mm × 1000mm　1/16
印　　张：15.5
字　　数：270千字
版　　次：2024年5月第1版第2次印刷
定　　价：88.00元

本书若有印装质量问题，请向出版社营销中心调换
全国免费服务热线400-6679-118竭诚为您服务
版权所有　侵权必究